Charles de Rémusat

Junius

Essai

ISBN : 978-1544629452

10 9 8 7 6 5 4 3 2 1

Charles de Rémusat

Junius

Essai

Table de Matières

Section I.

Le 21 janvier 1769, il parut dans un journal de Londres, *the Public Advertiser*, une lettre adressée à l'éditeur, Samson Woodfall, et signée du nom inconnu de Junius. Cette lettre, dont le ton était vif et grave, contenait une peinture sévère de la situation de la Grande-Bretagne et de la conduite de son gouvernement. Le ministère y était attaqué dans la personne de son chef et dans celle de ses membres, et, pour juger sur-le-champ de la violence de l'attaque, il suffit de savoir que cette lettre, assez longue, se terminait ainsi : « Considérez d'un coup d'œil une nation accablée par sa dette, ses revenus ravagés, son commerce en déclin; les affections de ses colonies aliénées et le devoir du magistrat transporté à la troupe soldée; une vaillante armée, qui ne combattit jamais à contre-cœur que ses concitoyens, réduite en poussière faute d'être dirigée par un homme d'une habileté et d'une âme ordinaire, et, pour dernier trait, l'administration de la justice devenue odieuse et suspecte au peuple entier. A cette déplorable scène, on ne peut ajouter qu'une chose : — nous sommes gouvernés par des conseils tels qu'un homme raisonnable n'en saurait attendre d'autre remède que le poison, d'autre soulagement que la mort.

« Si, par l'immédiate intervention de la Providence, il nous est possible d'échapper à une crise si pleine de terreur et de désespoir, la postérité n'en croira pas l'histoire des temps présents; elle conclura, ou que nos désastres étaient imaginaires, ou que nous avions la bonne fortune d'être gouvernés par des hommes d'une intégrité et d'une sagesse reconnues; elle ne croira pas possible que ses aïeux aient survécu ou se soient relevés, après une situation aussi désespérée, alors qu'un duc de Grafton était premier ministre, un lord North chancelier de l'échiquier, un Weymouth et un Hillsborough secrétaires d'état, un Granby commandant général, et un Mansfield chef de la justice criminelle du royaume! »

Cette lettre produisit une certaine sensation, et fut suivie d'autres, signées du même nom et dont l'effet fut plus grand encore. Pendant trois ans entiers, Junius publia dans le même journal soixante-neuf lettres animées du même esprit, écrites dans un langage étudié et véhément, où le travail n'enlevait rien à la violence, ni la dignité à la passion : compositions sans modèles et sans rivales chez nos voisins, et qui sont restées pour eux le chef-d'œuvre de l'éloquence du pamphlet. Le succès en fut éclatant et soutenu, plus grand peut-être encore dans le monde politique que dans le peuple. Et cependant l'auteur en resta inconnu. Chose plus singulière, il l'est encore. Lui aussi, il a gardé son masque de fer. *Stat nominis umbra.*

Peut-être lira-t-on avec curiosité tout ce qu'il nous semble qu'on peut aujourd'hui savoir d'essentiel touchant les lettres de Junius. On en parle plus qu'on ne les connaît. On ignore communément dans quelles circonstances elles ont paru, comment elles ont été publiées, quel en est l'esprit et le contenu, ce qu'il faut penser du fond comme de la forme de ces compositions célèbres, enfin quels documents ont été réunis, quelles recherches entreprises, quels écrits imprimés pour en découvrir et en dénoncer le redoutable et mystérieux auteur. Sur tous ces points, la littérature anglaise est riche en matériaux curieux déjà mis en œuvre avec talent. Notre humble tâche sera uniquement de compiler et de traduire. En tout, l'histoire parlementaire de la Grande-Bretagne est prête; elle existe dispersée en innombrables fragments qui n'attendent que l'artiste dont la main leur donnera l'ensemble, la couleur et la vie. Pour nous, recueillir quelques-uns de ces fragments est en ce moment toute notre ambition.

Les lecteurs du *Public Advertiser* qui, en 1769, admiraient le stylo plein de force et d'art du nouveau correspondant, auraient pu dès-lors y retrouver quelque chose d'un talent déjà connu, et la manière perfectionnée d'un écrivain qui, sous des pseudonymes variés, avait déjà contribué à la rédaction de la même feuille. Dès l'année 1767, cet écrivain y avait inséré et souscrit du nom de Poplicola une lettre où lord Chatham, alors ministre, était dénoncé à son pays; d'autres publications, diverses de forme, inégales en mérite, mais empreintes de la même implacable sévérité, s'étaient succédé, provenant de la même origine, mais signées de noms différents. Pour bien expliquer quelle en était la portée politique, il faut remonter un peu plus haut dans l'histoire du gouvernement britannique.

Section II.

Si l'on demandait quelle est la plus glorieuse administration que le gouvernement représentatif ait produite en Angleterre, et par conséquent en aucun pays, il faudrait, je crois, répondre : Le premier ministère du premier Pitt, de ce cruel et noble ennemi de la France, de cet homme qui, par le patriotisme et l'ambition, par la hardiesse et l'éloquence, par l'union de la sagacité politique avec les emportements de l'orgueil, par l'autorité du caractère et la véhémence des passions, rappelle, à beaucoup d'égards, les hommes d'état de l'ancienne Rome. En 1761, après avoir soutenu ou plutôt relevé avec un succès mémorable la guerre de sept ans, lorsque, prêt à frapper les derniers coups et à étouffer dans leur germe les conséquences du pacte de famille, il abandonna le pouvoir à des collègues incapables de l'imiter et de donner, par un suprême effort, à la paix prochaine tout l'éclat que lui permettait la victoire, jamais popularité n'avait été plus brillante et plus juste que la sienne. Et cette paix, qu'il n'eût point faite, ce fut pourtant la paix de Paris, une des plus tristes pages de notre histoire!

Lord Bute était de fait premier ministre; il devait tout à la cour; il était le favori du roi, et peut-être mieux que favori de la princesse de Galles, mère du roi. Le jeune George III, en parvenant au trône il n'y avait guère plus d'un an, s'était peu préoccupé de la politique générale de l'Angleterre. Une seule pensée qui se retrouve à tous les moments de sa vie le dominait, celle de reconquérir le libre choix de ses ministres, à peu près complètement perdu par son prédécesseur. Il avait fait un premier pas décisif dans cette carrière en nommant lord Bute secrétaire d'état; il voulait le nommer premier lord de la trésorerie. Bute n'était rien dans les deux chambres. Ses talents ne justifiaient pas sa fortune. Quoiqu'il ne manquât ni de jugement ni de conduite, il passa toujours pour un homme médiocre. Modeste dans sa politique et dans ses prétentions, peu attaché au pouvoir, il n'avait presque aucun des vices d'un favori, et il en garda constamment toute l'impopularité. On le jugeait sur son origine, et, par une de ces iniquités communes dans les pays libres, l'opinion s'obstina en tout temps à l'accuser d'une influence toute-puissante, tantôt publique, tantôt occulte, qu'il n'est nullement sûr qu'il ait cherchée ni possédée, et, ce qui est singulier, jusque dans ces derniers temps, l'histoire l'a jugé à peu près comme l'opinion contemporaine. Autre grief étrange qu'il faut imputer tout entier aux préjugés de l'époque, il était Écossais, et la jalousie des Anglais ne le lui pardonna pas. Un Écossais était presqu'à coup sûr un tory, et Bute ne fit pas exception. Le royaume n'était alors uni que de nom (et dans l'union, l'Irlande, on le sait, ne figurait pas); les souvenirs de la guerre civile étaient récents. L'esprit whig, qui dominait dans le monde politique, tenait pour suspecte cette Ecosse où il ne dominait pas. Ses montagnes semblaient l'asile du jacobitisme ou d'un royalisme inconstitutionnel qui n'avait changé que de dynastie. Bref, on ne voulait pas être gouverné par les Écossais. Ainsi, par la retraite de Pitt, le pouvoir restait affaibli de tout le vide que laisse un grand homme après lui, et l'Angleterre se croyait abandonnée sous le joug d'un favori et d'un étranger.

Dans cette situation, la paix de Paris, eût-elle été dix fois plus avantageuse, ne pouvait être bien accueillie. Il n'y avait pas de chance que l'honneur, quel qu'il fût, en revînt aux ministres. Quoique, en se retirant du cabinet. Pitt eût accepté des récompenses, et notamment une pension qui lui fut sévèrement reprochée, la renommée de son caractère en pouvait être altérée, mais non celle de son génie. La gloire politique de la guerre lui restait tout entière. De vastes conquêtes en demeuraient les durables monuments. En même temps, l'influence du grand ministre et du grand orateur se faisait sentir dans tous les débats où lui-même ne paraissait plus. Le ton de la tribune et de la presse s'était élevé; les esprits se montraient plus hardis et plus violents. La discussion, de tout temps libre et vive, n'avait peut-être pas jusque-là manifesté les passions politiques sous les formes grandioses et menaçantes de la liberté des républiques anciennes. C'est le changement qui s'opéra vers cette époque. Jamais l'Angleterre, par le langage et la conduite des partis, n'avait encore aussi bien rappelé le sénat et le forum tels que nous les décrivent les lettres de Cicéron.

Les partis, dans un pays libre, ont leur histoire intérieure et leur histoire publique. Au dehors, ce qui les signalait particulièrement à l'époque qui nous occupe, c'était la violence, c'était l'appel fréquent. bruyant, audacieux, aux émotions du peuple. Au dedans, ce qui frappe, c'est l'activité non moins audacieuse de l'esprit d'intrigue, c'est l'infatigable ardeur de tous les membres de cette aristocratie enflammée de toutes les passions énergiques d'une nation libre, de toutes les passions licencieuses d'une société riche, à poursuivre par tous moyens les satisfactions de l'ambition, de l'avidité, de l'orgueil et de la vengeance.

Pour classer les hommes dans le parlement d'Angleterre, il ne faut pas trop se fier à la division usitée des whigs et des tories. L'histoire dément souvent l'opinion fort répandue de la permanence invariable des partis dans les deux chambres. Il n'est pas exact qu'ils aient été, comme on le dit, soumis toujours à la loi de perpétuité des familles. Il est arrivé, par exemple, que des opinions jacobites, par conséquent monarchiques et même absolutistes dans leur principe, aient, sous la maison d'Hanovre, entraîné dans l'opposition des hommes qui, pour avoir ainsi lutté contre la cour, ont fini par prendre rang dans le parti libéral. De même, les auteurs de la révolution de 1688, les partisans de la dynastie nouvelle, à force de la défendre, eux ou leurs enfants, contre les amis des Stuarts, se sont accoutumés à se tenir toujours du côté du pouvoir et même de la cour, et précisément à raison de leur zèle d'anciens whigs, ils sont devenus réellement ce qu'on a plus tard appelé des tories. Walpole est le plus célèbre exemple de cette transition assez naturelle. La cause de la révolution n'eut point de partisan plus fidèle, la restauration de plus énergique adversaire, et pourtant son nom, même délivré de bien des imputations exagérées ou calomnieuses dont l'histoire a fait justice, est resté comme le symbole du pouvoir dans la résistance, de l'esprit de gouvernement s'obstinant à lutter contre l'opinion populaire. C'est son parti que l'on a constamment appelé le parti de la cour. Ses adversaires étaient les patriotes; on les désignait ainsi, et des mécontentements de toutes sortes, depuis l'impatience du républicain jusqu'à la rancune du cavalier, recrutaient également pour cette opposition incohérente. Deux Pitt et deux Fox ont joué de père en fils le plus grand rôle dans le parlement, et, par le mouvement des événements, les fils se sont trouvés rangés sous le drapeau opposé à celui qu'avaient suivi leurs pères. Dès le milieu du dernier siècle, les circonstances, les rivalités, les caractères séparaient ou rapprochaient tour à tour les hommes d'état qui se disputaient le pouvoir, la fortune et la renommée. La plupart, un grand nombre du moins, appartenaient au parti whig; mais, s'il y avait des whigs dans le ministère, il y en

Charles de Rémusat

avait dans l'opposition. Parmi eux, à l'époque que nous allons étudier, on devait distinguer le duc de Bedford et ses amis, le marquis de Rockingham et ses amis, Pitt enfin et les siens. Ces trois fractions de parti, ou, si l'on peut se servir d'un terme plus familier, ces trois coteries, étaient loin de s'entendre et de se concerter sur tout, et c'étaient leurs ruptures et leurs réconciliations qui faisaient et défaisaient les cabinets. Pitt seul, à qui pesait tout engagement, qui dédaignait les appuis et craignait la solidarité, Pitt, qui ne savait ou ne daignait pas ménager les hommes, et à qui son goût comme sa force permettait l'isolement, prit, en quittant le ministère, une attitude indépendante et réservée: il s'abstint de combattre autant que de soutenir, et commença cette vie de retraite à laquelle l'obligeait le soin de sa santé, où se plaisait sa nature impérieuse. Renfermé dans sa famille, impénétrable, intraitable, il ne se montra plus que de loin en loin, comme pour doubler l'effet de ses rares apparitions sur la scène parlementaire. Mais, lundis que son beau-frère, lord Temple, qui avait quitté les affaires avec lui, se jetait dans une ardente opposition, George Grenville. son autre beau-frère et le frère de lord Temple, restait dans l'administration, destiné à s'y élever bientôt à la première place. Cette administration avait alors pour chef le dernier des Pelham, le duc de Newcastle, vieilli dans le pouvoir, encore considérable par le rang, par l'expérience, par l'intrigue, mais chaque jour moins influent et plus décrié. Tandis que lord Bute faisait la force réelle et secrète du cabinet, le duc de Bedford lui apportait l'appui de son nom et de sa clientelle. Fox en était l'orateur.

Nous avons vu que cette administration était impopulaire. Son crime était la retraite de Pitt. La paix qu'elle avait signée fut donc d'abord impopulaire comme elle, et le duc de Newcastle, sentant un peu tard l'inconvénient d'abandonner la politique énergiquement nationale à laquelle il s'était longtemps associé, saisit l'occasion de se retirer. Lord Bute devint premier ministre. Le sceau du favoritisme fut ainsi publiquement imprimé sur le front du cabinet. C'était comme un encouragement donné à toutes ces ambitions secondaires qui n'arrivent que par la complaisance et ne briguent que la faveur. Les places et les pensions, les abus de toutes sortes, devinrent les moyens principaux, uniques de gouvernement. Ce fut par excellence un ministère de corruption. Il n'y eut plus alors

Section II.

que deux partis : la cour et le pays.

Après onze mois du rôle de premier ministre, lord Bute, qui n'était rien moins qu'un ambitieux, donna sa démission (avril 1763). Aucune nécessité apparente ne l'y forçait. La position du ministère dans les chambres était faible, mais tenable. Les motifs de cette brusque retraite sont encore discutés entre les historiens. Le cabinet perdit en même temps M. Fox, qui fut élevé à la pairie sous le nom de lord Holland, et lord Bute, en s'éloignant, désigna pour succéder tout ensemble à Fox et à lui-même George Grenville, qui fut premier lord de la trésorerie et chancelier de l'échiquier. Comme Walpole et Pelham, il réunit ces deux titres, rarement séparés, quand un membre des communes est le chef du cabinet. Le duc de Bedford ne fut que président du conseil, et il eut le gouvernement de la chambre haute. La capacité de Grenville n'était pas inférieure au poste qu'il occupait, et le plaçait sans contestation à la tête de ses collègues. En le choisissant, d'ailleurs, le roi comptait sur la docilité d'un homme isolé, séparé de sa famille, sans parti, sans amis, et qui lui devait tout. Il se trouva que Grenville, d'un caractère indépendant, décidé, cassant, négligea le roi, le contraria, l'humilia surtout, s'en fit un mortel ennemi, tandis qu'on le représentait comme l'instrument de la cour et le prête-nom du favori. En même temps, il coalisa contre lui de nombreuses inimitiés au sein de la chambre, qu'il entraîna cependant à sa suite dans une faute grave et célèbre. La guerre avait épuisé les finances. Grenville, homme d'affaires consommé et résolu, mais qui se préoccupait plus des besoins du trésor que de la disposition des esprits, voyant l'Angleterre plier sous le poids des impôts, tandis que ses colonies n'en supportaient aucune partie, imagina de taxer certaines denrées importées par l'Amérique anglaise. Encouragé par le succès de cette première entreprise, il proposa d'établir dans ces contrées les droits de timbre qui existaient en Angleterre. Cette mesure excita dans les colonies un mécontentement imprévu et comme une révolte générale de l'opinion. Elle blessa surtout l'Amérique, disons-le à son honneur, comme une violation de ses droits; elle supposait en principe que l'Amérique pouvait être taxée par un parlement où elle n'était pas représentée : de là une lutte de prérogative entre la métropole et la colonie; de là des remontrances, puis des résistances, puis l'insurrection, puis la guerre, puis enfin une révolution et le gouverne-

Charles de Rémusat

ment des États-Unis.

Mille intrigues se croisaient autour du ministère Grenville. Comme il était devenu insupportable au roi, elles réussirent; il tomba après avoir duré moins de deux ans. Pour faire place à un cabinet plus libéral, qui se forma sous la direction du marquis de Rockingham. Les ducs de Newcastle et de Grafton en firent partie. Un orateur distingué de l'opposition whig, le général Conway, fut secrétaire d'état, avec le rôle important de guide ou *leader* de la chambre des communes. Ce ministère, que protégeait encore assez froidement l'impérieux Pitt, paraissait un acheminement vers le sien : c'était un cabinet d'attente, et par cela même il était faible. Il lui fallait de la popularité : il rapporta l'acte du timbre. Cette concession tardive ne fit qu'encourager les colonies, enfin éveillées sur leurs droits de peuple libre. D'autres concessions suivirent celle-là; elles eurent pour principal effet d'inquiéter le roi : il sentait bien que le tout était provisoire, et les fréquents changements de cabinet auxquels il avait été condamné lui paraissaient un affaiblissement pour son autorité. Il commençait à croire, comme le public, que rien n'était définitif ou du moins solide là où Pitt n'était pas. Sans aimer ni comprendre sa politique, le roi ne haïssait pas sa personne : il trouvait en lui les formes pompeuses d'un humble respect et d'un affectueux dévouement. Les serviteurs de la cour se mirent donc à voter contre le ministère, et le marquis de Rockingham, qui jugeait la situation comme tout le monde, demanda à résigner son poste. Aussitôt le duc de Grafton, qui s'était retiré d'avance, devint premier lord de la trésorerie. Lord Camden fut chancelier; Conway et le comte de Shelburne, secrétaires d'état; Charles Townshend, qui promettait un grand orateur, chancelier de l'échiquier; le marquis de Granby, célèbre et populaire par ses services dans la guerre de sept ans, eut le commandement général des troupes, et enfin Pitt, qui avait formé ce ministère, qui, pour y entrer, rompait avec lord Temple, Pitt n'accepta qu'un titre sans fonctions, celui de lord du sceau privé, et se fit ouvrir les portes de la chambre des lords sous le nom désormais immortel de comte de Chatham. Rien n'est plus singulier que sa conduite en ce moment, si ce n'est celle qu'il tint pendant toute la durée de ce ministère. Il le protégea de son nom, et jamais de son action ni même de sa présence. Absorbé par les soins d'une santé bizarre et délabrée, il

Section II.

ne paraissait plus au conseil ni au parlement. A vrai dire, il n'y avait pas de conseil, et lord Chatham, ministre, passa une fois plus d'une année sans mettre le pied à la chambre des lords.

Mais nous touchons au moment où Junius va entrer sur la scène. Pour bien expliquer le sens et la portée de sa polémique, il fallait rappeler cette suite de révolutions ministérielles et indiquer quelques-unes des questions qu'elles avaient fait naître. Il en est une encore pourtant dont nous devons parler; il est un homme dont le nom est tellement uni à celui de Junius, que l'on a cru parfois que ce nom était le sien même : cet homme, qui donna au gouvernement anglais pendant dix ans les plus grandes et les plus difficiles affaires, cet homme est John Wilkes.

Section III.

John Wilkes, d'une famille obscure du Buckinghamshire, membre du parlement pour Aylesbury, n'avait été longtemps connu que pour un homme d'esprit et de plaisir ; sa vie n'était pas exemplaire, son esprit n'était pas fort sérieux, ni ses plaisirs très délicats. On citait ses bons mots, ses reparties vives et piquantes. La facilité de ses mœurs, comme l'agrément de sa conversation, l'avait lié avec quelques membres de l'aristocratie politique, qui, à cette époque, se montrait peu sévère dans le choix de ses relations et de ses amusements. Recherché dans la société sans être aimé ni considéré, il passa pour constamment attaché à lord Temple, qui paraît l'avoir dirigé souvent, employé quelquefois, et qui ne l'abandonna jamais. C'est sous l'influence de cet homme d'état remuant, inquiet, hardi, qu'il paraît s'être formé à la politique. Ses succès de société ne l'ayant pas conduit à une position dans la chambre des communes, il demanda à la presse une importance que la tribune lui refusait. En 1762, il publia en l'honneur de la politique étrangère de lord Chatham un pamphlet concernant la rupture avec l'Espagne, qui ne passa point inaperçu, et, l'année suivante, il adressa à lord Bute une dédicace ironique de la pièce historique de lien Jonson intitulée *la Chute de Mortimer*. On sait que Mortimer, parvenu au pouvoir par l'amour de la reine Isabelle, mère d'Edouard III, fut pendu par ordre du parlement. L'allusion était manifeste. Wilkes regar-

Charles de Rémusat

dait cette épître, empreinte d'une moquerie sanglante, connue son chef-d'œuvre. Un intrigant célèbre, fort écouté par Bute, Bubb Dodington, qui, à force de servir et de trahir toutes les causes, parvint un jour à la pairie, avait fondé un journal, *le Breton*, pour la défense de l'administration de lord Bute. En réponse, Wilkes publia *le Breton du Nord (the North Briton)*. Le titre de cette feuille hebdomadaire était comme une accusation d'antiphrase contre celui du journal auquel elle répondait. En se donnant pour Écossais, on prétendait être meilleur Anglais que ceux qui en prenaient le nom. On pressent que dans cette publication les préjugés nationaux étaient exploités avec passion, et jamais l'invective contre un ministre n'avait été portée au degré de violence qu'elle atteignit contre lord Bute sous la plume de son insolent adversaire. On s'accorde à placer les talents de Wilkes comme écrivain fort au-dessous du premier rang; mais sa hardiesse était sans égale. Il savait aiguiser l'injure, la mêler à la bouffonnerie et compenser ainsi ce qu'il manquait à sa polémique d'élévation, de force et de fécondité. Cependant lord Bute l'avait dédaigné; mais, quinze jours après sa retraite (23 avril 1763), il parut un quarante-cinquième numéro du *North Briton*, où le roi était positivement accusé d'avoir proféré un mensonge (*infamous fallacy*) dans son discours pour la prorogation du parlement.

Moins endurant que son prédécesseur, ou excité par lui, George Grenville ordonna des poursuites, et le secrétaire d'état, lord Halifax, décerna un mandat de recherche et d'arrestation. Ce mandat était général (*general warrant*), c'est-à-dire qu'il n'était pas nominatif et prescrivait seulement à quatre officiers publics d'amener devant le secrétaire d'état les auteurs et complices de la publication incriminée. Aussi commença-t-on par quelques méprises : des personnes étrangères au *North Briton* furent arrêtées, jusqu'à ce qu'enfin on mit la main sur l'éditeur véritable, qui déclara devant lord Halifax que Wilkes était l'auteur de l'article. Les jurisconsultes de la couronne consultés prononcèrent que le mandat devait être exécuté, même contre lui; mais quand les officiers publics se présentèrent à cet effet, il les effraya par ses menaces, et leur déclara que leur commission était illégale, ils se retirèrent ce jour-là, mais revinrent le lendemain plus rassurés, ou forts de nouveaux ordres, s'emparèrent de sa personne, sans lui donner copie du mandat,

Section III.

aux termes de la loi. et le conduisirent devant le secrétaire d'état. Pendant que lord Temple, averti à temps, requérait en sa faveur, de la Cour des plaids communs, un *writ d'habeas corpus*, c'est-à-dire une autorisation de faire juger si l'accusation était légale, le prisonnier, qui avait refusé de faire aucune réponse, était brusquement transporté à la Tour et mis au secret; mais, on le sait, la loi anglaise est tutélaire pour la liberté individuelle. Un second *writ d'habeas corpus* ordonna au constable de la Tour d'en ouvrir les portes, et, conduit devant la Cour des plaids communs. dans Westminster-Hall, l'accusé devint accusateur. Il dénonça un noir complot contre les libertés de la nation, imputant aux ministres de l'avoir choisi pour victime, parce qu'ils n'avaient pu l'acheter ni le corrompre. Ses moyens de droit furent examinés, et le chef de la cour, Charles Pratt, magistrat habile et indépendant, ami constant de Pitt et de sa politique, déclara, au nom du tribunal entier, que si les précédents ne permettaient pas de taxer d'illégalité flagrante l'arrestation et le mandat, M. Wilkes cependant devait être élargi, en vertu de son privilège de membre du parlement, car il ne pouvait être poursuivi que pour libelle, et l'immunité parlementaire ne devait souffrir d'exception que lorsqu'il s'agissait de plus graves délits. Cette décision est célèbre dans les fastes de la jurisprudence anglaise, et Pratt, promu plus tard à la pairie avec le titre de lord Camden, est du petit nombre des juges d'Angleterre dont le nom est demeuré cher aux amis de la liberté.

Alors la poursuite pour libelle commença. Une décision royale retira à Wilkes sa commission de colonel de la milice du Buckinghamshire, et celle de lord-lieutenant du même comté à lord Temple, qui l'avait visité dans sa prison, soutenu dans sa captivité, et dont le nom fut rayé de la liste des membres du conseil privé. A peine rentré chez lui, Wilkes écrivit insolemment aux secrétaires d'état la lettre que voici : « Mylords, à mon retour de Westminster-Hall, où j'ai été relaxé de mon emprisonnement à la Tour en vertu d'un mandat de vos seigneuries, je trouve que ma maison a été pillée, et suis informé que les objets volés sont en la possession d'une ou deux de vos seigneuries. J'insiste en conséquence pour que vous les fassiez rendre sur-le-champ à votre humble serviteur. » La lettre fut aussitôt imprimée, et les ministres, lord Halifax et lord Egremont, eurent la gaucherie de lui répondre que ses expressions étaient inconvenantes et grossières, et que ses papiers avaient été saisis parce qu'il était l'auteur d'un libelle infâme et séditieux.

Cette affaire commença une de ces longues guerres de chicane, où la justice et le parlement, la tribune et la presse, agitant successivement toutes les questions de droit et d'équité, ont, par des décisions incessamment débattues, éclairé, démenti, rétabli, propagé les principes de la liberté britannique. Le procès, on plutôt la suite de procès de John Wilkes, est une cause célèbre dans l'histoire du droit constitutionnel. Quant à lui, tantôt se défendant avec la fermeté du bon citoyen, tantôt attaquant avec la violence du démagogue, tour à tour fier ou séditieux, invoquant tour à tour la loi et la force, la constitution et l'émeute, il parvint, en de certains moments, malgré les désordres de sa vie, malgré sa réputation contestée et sa probité mise en doute, à conquérir la noble attitude du patriote persécuté, et à lire dans les feuilles brûlantes de la presse contemporaine son nom décrié auprès des noms glorieux de Hampden et de Sidney. Lorsqu'au mois de novembre suivant (1763). le parlement s'assembla, George Grenville saisit la chambre des communes de cette affaire. Le n° 45 du *North Briton* fut mis sous ses yeux, et une majorité de 237 voix contre 111 décida que ce papier était un mensonger, scandaleux et séditieux libelle, tendant à la trahison (*traitorous*), et qu'il devait être brûlé par la main du bourreau. Wilkes dit de sa place que tous les droits de la chambre étaient outrageusement violés dans sa personne, et fit la motion de prendre en considération immédiate la question de privilège; mais la chambre, qui venait de commettre déjà un étrange abus de pouvoir en prononçant une sorte de verdict de culpabilité en matière de presse, et en condamnant moralement un de ses membres pour un acte qui n'était pas de sa juridiction, ne devait pas s'arrêter là : elle vota l'ajournement. Bientôt un ministre, lord Sandwich, déféra à la chambre des pairs un poème burlesque et indécent, attribué à la même plume que le *North Briton*, et intitulé *Essai sur la Femme*, avec des notes, par le docteur Warburton, évêque et théologien célèbre, dont le nom, si souvent cité par Voltaire, était là dérisoirement introduit. Or, il faut savoir que lord Sandwich, qui tranchait ainsi du puritain, avait, ainsi que beaucoup de jeunes seigneurs à la mode, vécu dans l'intimité de Wilkes et partagé ses dérèglements; même c'étaient eux, disait-on, qui l'avaient initié à de certains clubs suspects où leur jeunesse cachait de coupables plaisirs. Le club des Dilettanti et une société plus mystérieuse, celle de Medmebham Abbey, passaient pour des institutions consacrées à la liberté illimitée des opinions et des mœurs. Sur l'entrée d'un ancien couvent de Cîteaux, où cette société tenait ses séances, on avait gravé la célèbre inscription de Thélème : *Fais ce que voudras*. On y voulait bien des choses en effet, et les membres de la confrérie passaient pour y célébrer, habillés en moines, d'étranges orgies, où la religion était, ainsi que la pudeur, cyniquement outragée. C'était dans la compagnie de ces roués du grand monde que Wilkes, qui les recevait à sa table et les divertissait de ses saillies, avait compromis sa fortune et avec elle sa réputation. Cependant il lui fallut entendre ces saints d'une nouvelle espèce dénoncer avec l'indignation de la vertu un poème composé peut-être pour amuser leur goût pervers, et dont un abus de confiance avait pu seul leur procurer un des exemplaires secrètement imprimés par une presse particulière et pour quelques amis. Vainement lord Temple réclama. Warburton, qui siégeait dans la chambre comme évêque de Gloucester, tout surpris et tout indigné du burlesque usage qu'on avait fait de son nom, s'emporta jusqu'à dire que les plus noirs démons de l'enfer refuseraient d'y tenir compagnie à Wilkes, lorsqu'il y arriverait. On ne sait trop ce que la chambre des lords, visiblement fort animée, aurait pu faire d'une question qui paraissait hors de sa compétence. Cependant elle avait fixé un jour pour entendre l'inculpé, lorsqu'une scène, qui se passa dans l'autre chambre, vint couper court à ce nouveau procès. Samuel Martin, précédemment secrétaire de la trésorerie sous l'administration de lord Bute, et que les sarcasmes du *North Briton* n'avaient pas épargné, dit au milieu du débat en regardant fixement Wilkes : « Celui qui poignarde une réputation dans l'ombre, et sans dire son nom, est un lâche et infâme coquin! » Et il répéta même ces mots avec l'accent d'une violente colère. Wilkes supporta l'attaque de l'air d'une parfaite indifférence; mais, en quittant la séance, il fit appeler Martin, et ils se battirent le jour suivant dans Hyde-Park. Ils firent feu de leurs pistolets, d'abord sans se toucher; mais, au second coup, Martin logea une balle dans le côté de son adversaire, qui jeta son arme, lui dit de songer à sa sûreté et lui promit de ne jamais dire un mot contre lui. La blessure était dangereuse. Quand Wilkes eut été reporté chez lui, le peuple entoura sa maison en poussant des cris de mort contre ceux qu'il appelait ses meurtriers. « Si le héros doit en mourir, écrivait alors Horace Walpole, l'évêque de Gloucester peut lui assigner la place qu'il voudra; mais Wilkes passera pour un saint et un martyr. On n'entend parler que de l'impiété de lord Sandwich et de son accord parfait avec Wilkes. Sous ce rapport, l'ouvrage qualifié de blasphématoire tombe d'un plus grand poids sur la tête du premier que sur celle du second, » — « Votre cousin Sandwich, écrivait-il encore à George Montagu, s'est *désandwiché* lui-même. Il a intenté une poursuite en dégradation contre Wilkes pour un poème blasphématoire, et il a été lui-même expulsé pour blasphème du *Beefsteak-Club* à Covent-Garden. Wilkes a été blessé par Martin, et, au lieu d'être brûlé dans un auto-da-fé, comme l'entendait l'évêque de Gloucester, il est révéré comme un saint par la multitude, et, s'il meurt, je prévois que le peuple se tordra en convulsions sur son tombeau en l'honneur de sa mémoire. »

Cependant la question vint en discussion devant la chambre, malgré l'absence du principal intéressé. Il s'agissait de savoir si le privilège de membre du parlement allait jusqu'à le soustraire au droit commun en cas de publication séditieuse, en un mot s'il pouvait être arrêté sans l'autorisation de la chambre. Pitt, qui souffrait de la goutte et de ces infirmités compliquées qui furent le fléau de sa vie politique, se fit porter, tout malade, tout enveloppé de flanelles, à la séance, et il défendit vivement le privilège parlementaire. Il s'était, dans la précédente délibération, associé à la condamnation du journal. Quoique son beau-frère, lord Temple, eût vivement protégé et, dit-on, inspiré l'auteur, Pitt déclara qu'il ne le connaissait pas. Il le détestait, lui et ses principes. C'était un homme qu'on ne devait pas compter dans l'espèce humaine ; c'était le blasphémateur de son Dieu et le diffama leur (*libeller*) de son roi; mais il s'agissait d'une question constitutionnelle, non de la valeur d'un homme, et le parlement devait compte de son privilège au pays et aux parlements à venir. On devine tout ce que le grand orateur put dire de fort et d'évident sur cette question, qui n'en fut pas moins décidée contre lui par une majorité de 258 sur 391 votants. Après quelques débats dans les deux chambres sur des incidents de l'affaire, l'ordre du parlement fut exécuté, et le 3 décembre le *North Briton* dut être brûlé dans Cheapside. Ce fut le signal d'une terrible émeute. Le

Section III.

peuple s'empara d'une pièce de bois enflammé et menaça le shériff Harley, qui fut obligé de faire retraite dans Mansion-House, où le lord-maire siégeait tranquillement au milieu du conseil commun, composé presque entier de partisans et d'admirateurs de Wilkes. Du haut des fenêtres, de séditieuses clameurs encourageaient la multitude irritée, qui finit par emporter en triomphe les débris du journal condamné aux flammes, et célébra sa victoire par un feu de joie près de Temple-Bar, Puis la tranquillité se rétablit soudainement dans la Cité. En vain les deux chambres blâmèrent-elles la conduite des magistrats municipaux et témoignèrent-elles leur indignation et leur loyauté par des adresses au roi. Le mouvement de l'opinion semblait tout puissant. Les imprimeurs et toutes les personnes arrêtées en vertu du mandat général imprudemment lancé obtinrent de la Cour des plaids communs des dommages-intérêts pour emprisonnement illicite, et Wilkes, qui, de son lit de souffrances, inondait la ville de ses sarcasmes contre les ministres, intenta une action contre les secrétaires d'état. L'un d'eux, lord Egremont, était mort, lord Halifax était couvert par le privilège parlementaire; mais le sous-secrétaire d'état Wood fut condamné par un verdict du jury à payer à Wilkes 200 livres sterling. C'est dans cette occasion que le juge Pratt prononça formellement que les mandats généraux étaient inconstitutionnels, illégaux et absolument nuls. Il y voyait, disait-il, une verge de fer pour le châtiment du peuple anglais; mais il demanda en même temps que sa décision fût soumise à l'examen des douze juges d'Angleterre ou de la réunion des trois cours souveraines du royaume. Elle fut postérieurement confirmée par la Cour du banc du roi.

Sur ces entrefaites, un Écossais, nommé Alexandre Dun, se présenta chez Wilkes et insista pour lui parler. Il parut suspect, on le fouilla, et on le trouva armé d'un poignard. Il fut établi qu'il s'était vanté, dans un café, d'avoir, avec dix autres, résolu d'égorger Wilkes. Était-ce un homme aposté? était-il ivre ou aliéné? La chambre des communes, devant laquelle il fut conduit comme ayant voulu attenter aux jours d'un de ses membres, reconnut la démence, et ordonna la mise en liberté; mais la Cour du banc du roi le fit mettre en prison comme ne pouvant fournir ni caution ni sécurité. Cet incident porta l'excitation des esprits à son comble. Le jour où Wilkes devait comparaître devant les communes, ses

Charles de Rémusat

médecins déclarèrent à la barre que sa blessure ne le lui permettait pas. Un nouveau délai fut accordé, et le 16 décembre ils renouvelèrent cette déclaration. La chambre renvoya l'affaire après Noël, mais commit deux nouveaux médecins pour visiter le défaillant, qui refusa de les recevoir et partit peu après pour Paris, où il alla chercher le succès et la vogue d'un étranger de curiosité, d'un proscrit à la mode et d'un patriote à bons mots. « C'est le seul moyen qui lui restât, écrivait lord Chesterfield, de venir à bout de ses créanciers et de ses persécuteurs. » Le 16 janvier, quand on voulut reprendre son affaire, l'orateur donna lecture d'une lettre de deux chirurgiens français attestant que l'état de l'éternelle blessure rendait tout voyage dangereux. La chambre perdit patience et résolut de procéder comme s'il était présent. Une majorité de 239 voix contre 102 déclara le n° 45 du *North Briton* coupable des plus graves délits imputables à la presse, et le jour suivant elle prononça l'expulsion de l'auteur, ordonnant que le bourg d'Aylesbury procédât à une nouvelle élection.

Le soulèvement de l'opinion ne fit qu'augmenter. Le roi ne pouvait plus paraître en public. Un soir qu'il était au théâtre de Drury-Lane, on annonça pour le lendemain la pièce de Murphy intitulée : *Tort partout*. On applaudit d'une manière formidable, et il n'y eut qu'un cri: « Droit partout! Wilkes et liberté! » L'opposition, encouragée par la clameur du dehors et par les divisions intérieures du cabinet, proposa de mettre à l'ordre du jour la plainte de Wilkes pour violation de privilège. On objecta qu'il avait cessé de faire partie de la chambre; elle répondit qu'il en était encore membre, quand le mandat général avait été lancé contre lui. La discussion fut vive, et l'opposition se montra forte et hardie, « Nous poussions de tels cris, dit dans ses lettres Horace Walpole, que nous croyions, et les ministres aussi, que nous l'avions emporté. » La motion ne fut en effet repoussée qu'à un petit nombre de voix, 207 contre 197. Sir William Meredith proposa alors de déclarer en principe que les mandats généraux décernés contre les auteurs ou imprimeurs de publications séditieuses n'étaient pas autorisés par la loi. Le débat recommença plus violent et plus douteux encore. Pitt lui-même se leva, et, bien qu'il prît toujours grand soin d'écarter la question de personne et de désavouer Wilkes publiquement, il fit entendre un langage hardiment libéral que nous épargnerons aux lecteurs de

Section III.

notre temps le déplaisir de lire. Enfin l'ajournement fut voté par 232 membres contre 214. Le général Conway, qui l'avait combattu, fut destitué de ses charges de cour et de ses commandements militaires, et la plupart des officiers complices du même vote perdirent également leur emploi. Au milieu de l'irritation générale, Wilkes cependant fut jugé par la Cour du banc du roi et déclaré coupable d'avoir publié le *North Briton* et l'*Essai sur la Femme*; mais la Cité de Londres donna le droit de bourgeoisie et les franchises attachées à ce titre au juge Pratt, dont elle fit placer le portrait dans Guildhall. Dublin et d'autres villes importantes se signalèrent par des manifestations analogues. Des tabatières d'or furent votées de tous côtés pour le magistrat qui avait condamné les mandats généraux. Quant à Wilkes, il n'avait pas quitté Paris; aussi fut-il déclaré hors la loi, *outlaw*, ce qui en Angleterre est une sorte de condamnation pour contumace. Son imprimeur fut condamné au pilory; il s'y rendit dans un fiacre qui portait le n° 45 en l'honneur du célèbre n» 45 du *North Briton*, et la multitude qui l'entourait fit sur place, en sa faveur, une quête qui produisit 100 livres sterling. Ainsi, chacun des actes de la procédure contre Wilkes était accueilli par les témoignages éclatants du mécontentement populaire, et donnait ordinairement lieu, dans le parlement, à quelque motion correspondante qui, vivement débattue, n'était rejetée qu'à de faibles majorités ministérielles.

La fermeté de Grenville, attaqué par le public, trahi par le roi, ne put longtemps résister à l'orage. Son ministère fit place à celui de lord Rockingham. Conway y remplissait les fonctions de secrétaire d'état. Pratt devint pair du royaume sous le titre de lord Camden, et, le 25 avril 1766, une résolution de la chambre des communes condamna formellement les mandats généraux. Peu de temps après, il entra comme chancelier, à la suite de lord Chatham, dans le ministère du duc de Grafton. Encouragé par chacun de ces changements successifs, Wilkes vint deux fois en Angleterre incognito pour négocier successivement avec les deux premiers ministres. Il demanda à lord Rockingham sa grâce entière, le paiement de ses dettes et une pension de 1,500 livres sterling. Ces conditions exorbitantes furent refusées, et il se vit réduit à accepter, pour retourner à Paris, 3 ou 400 liv. sterl. de la libéralité personnelle des ministres, qui ouvrirent entre eux une souscription pour s'en débarrasser.

Charles de Rémusat

La seconde fois, il s'adressa au duc de Grafton, auquel l'unissaient d'anciennes relations, mais qui n'osa rien décider et le renvoya en quelque sorte à lord Chatham. Celui-ci, brouillé alors avec lord Temple, fut inabordable et laissa dans l'abandon le patriote solliciteur. De retour en France, Wilkes écrivit au duc de Grafton une lettre publique dirigée contre lord Chatham. Il y rendait un juste hommage à ses grands services, mais seulement pour se donner le droit de lui reprocher plus amèrement son égoïsme dédaigneux, ses oublis, ses variations, l'abandon d'anciens amis et d'anciens principes, l'alliance actuelle avec des bommes qu'il avait accablés de ses mépris. A cette lettre, où tout n'était ni faussement ni mal dit, sir William Draper, un officier instruit et spirituel qui s'était distingué par la conquête de Manille, et qui était, comme presque tous les gens de guerre, attaché à lord Chatham, répondit par une apologie de cet homme d'état, et surtout par une forte récrimination contre le caractère et la conduite de l'agresseur. Cette nouvelle lettre provoqua la première publication politique attribuée à l'écrivain qui devait rendre plus tard si célèbre le pseudonyme de Junius.

Section IV.

Ainsi qu'il a été dit et suivant un usage conservé par les journaux anglais, M. Woodfall ouvrait les colonnes du *Public Advertiser* à des correspondants inconnus du lecteur et souvent de lui-même, qui, sous un nom emprunté, soutenaient ou suscitaient une libre polémique, souvent contraire aux opinions plus habituellement défendues dans ce journal. L'éditeur communiquait avec eux par le journal même, et leur adressait des réponses mystérieuses, telles que celles que l'on peut lire aujourd'hui à la dernière feuille de l'*Illustration*. Au mois d'avril 1767, un de ces rédacteurs bénévoles et ignorés adressa, par un billet d'envoi signé de l'initiale C, une lettre souscrite du pseudonyme *Poplicola*. Cette composition un peu déclamatoire roulait sur cette idée que si les nations les plus libres avaient supporté la dictature, c'était lorsqu'une situation extraordinaire, telle qu'une guerre étrangère, en imposait la nécessité, mais qu'en pleine paix, en temps régulier, la dictature n'était plus qu'une tyrannie sans motif et sans terme. Or l'Angleterre était tranquille, et le dictateur était William Pitt. Cette lettre exprimait en langage classique, exagéré et banal, la plainte fondée qu'aurait pu provoquer, non la dictature réelle, mais l'ascendant singulier de lord Chatham, qui était devenu un obstacle à tout sans presque contribuer à rien, et qui, rendant à la fois le gouvernement possible par sa présence et faible par son inaction, demeurait l'arbitre des questions sans les résoudre, et le maître des affaires sans les conduire. Aussitôt parut dans le même journal une nouvelle apologie parce même sir William Draper, dont nous avons déjà parlé, et *Poplicola*, prenant la querelle à son compte, écrivit, le 28 mai, une nouvelle lettre où, sans négliger de dire qu'il ne se chargeait pas de défendre M. Wilkes, il établit que les services de M. Pitt ne pouvaient pas profiter à l'administration de lord Chatham, et qu'au contraire la gloire du dernier devait tournera la honte du second. Ces deux lettres ont été réimprimées, ainsi que beaucoup d'autres revêtues de signatures différentes, dans le recueil des lettres de Junius, publié en 1813 par le fils de Woodfall. Il paraît que ce dernier les avait toujours attribuées toutes au même auteur, fondant sa conviction sur diverses preuves qui seront appréciées plus tard, mais que tous les critiques ont admises. En effet, pour ne parler que des lettres de *Poplicola*, on doit remarquer que Junius, malgré quelques rapports d'opinion, ne ressentait aucune bienveillance pour lord Chatham. Il attaqua longtemps celui qu'il appelle *l'idole*, et, quand il cessa de l'attaquer, il persista longtemps à se taire sur son compte. Ce n'est que vers sa cinquante-quatrième lettre, c'est-à-dire en 1771, qu'il commença à se relâcher de sa sévérité à l'égard du grand homme d'état, qui cependant alors avait, depuis près de trois ans, quitté le pouvoir.

L'écrivain qui, selon Woodfall, préludait aux lettres de Junius, chercha quelque temps sa forme, sa manière, son talent. S'il n'eût donné que les lettres diverses de ton, de sujet et de signature que son éditeur lui attribue, il n'eût pas mérité d'être distingué parmi les autres correspondants du journal. Ce sont bien les opinions de Junius, c'est bien cette partialité aveugle qui ne choisit pas toujours heureusement ses griefs, cette malveillance ardente qui cherche encore plus à s'épancher qu'à réussir et qui sait moins nuire qu'offenser. On retrouve les mêmes inimitiés, une opposition sans système, une incohérence de principes qui fait de Junius un mortel

Charles de Rémusat

ennemi du pouvoir, sans qu'il soit ni radical, ni républicain, ni démocrate; mais le talent n'est pas mûr, et le style n'est point formé. Le style a moins de caractère, il est moins soutenu, moins travaillé; il ne conserve pas cette gravité animée, ce mélange d'autorité et de passion, d'art et de véhémence qui distingue Junius, toujours un peu déclamateur, même lorsqu'il est éloquent. La satire, la fiction, la parodie, la moquerie qui essaie d'être légère, sont des moyens d'effet que l'écrivain ne s'interdit pas et que Junius dédaigne, et l'on pourrait douter de l'identité, si l'éditeur, qui en savait peut-être plus qu'il n'en dit, ne l'affirmait pas. Aux analogies que nous venons d'admettre, il ajoute d'autres preuves. L'initiale C fut constamment employée dans les lettres d'envoi; les articles lui parvenaient tous par des voies analogues; enfin ils paraissaient de la même écriture, et les fac-similé qu'il a imprimés ne laissent en effet apercevoir que d'insignifiantes différences.

Quoi qu'il en soit, sous les noms empruntés de Poplicola, de Messala, de Mnemon, d'Atticus, de Vindex, de Domitien, etc., un même auteur semble avoir adressé cent treize lettres, que nous nous garderons d'analyser toutes, et dont les soixante; dernières parurent entremêlées à celles de Junius. Parmi les cinquante-trois premières, nous en distinguerons quelques-unes, qui offrent un mérite ou un intérêt particulier, soit par le talent quelles attestent, soit par les faits auxquels elles se rapportent.

En 1767, lord Townshend, frère du chancelier de l'échiquier, avait été nommé lord-lieutenant d'Irlande. Il paraît qu'il dessinait bien et se plaisait à faire le portrait ou plutôt la caricature de ses amis. On le dit l'inventeur de la caricature politique. Une lettre du Corrége lui propose de crayonner ses amis les ministres, et, pour le mettre en train, l'écrivain commence par les esquisser lui-même à la plume. De là une suite d'épigrammes qui ont été piquantes, si elles étaient vraies. Grafton, grand amateur de chevaux, de courses et de paris, est représenté comme un cocher qui écrase en passant la Grande-Bretagne. Conway est dans la voiture; il voudrait la conduire, mais il tient encore plus à y rester. Conway, c'est la précaution sans la prévoyance. Lord Camden tient sous ses pieds les Loïs de l'Angleterre, et son regard oblique se fixe sur un poignard : c'est le droit naturel, l'arme qui lui sert à tuer le droit constitutionnel. Shelburne tient du jésuite et du diable; c'est un parfait

Malagrida. Le commandant en chef Granby et le secrétaire de la guerre tirent chacun un des bouts d'une corde dont le nœud du milieu étrangle l'armée. Enfin ce lunatique qui brandit une béquille ou qui braille à travers une grille, c'est Chatham. Puis des réticences, des points, des lignes en blanc, laissent deviner lord Bute et la source secrète de son crédit, et quelques paroles, si obscures qu'elles cessent d'être piquantes, désignent confusément le roi. Mais ce lord Townshend lui-même, à qui l'on s'adresse ainsi, quel homme est-ce? C'est un militaire; mais est-il brave? le fut-il en Amérique? le fut-il en Allemagne? Survient *Moderator*, qui combat un correspondant qui l'affirme, et discute la question avec un sang-froid très offensant. Il ne dit pas non, mais il dit encore moins oui. Puis le même écrivain (c'est du moins l'avis de son éditeur) conduit le nouveau lord-lieutenant, pour recevoir ses instructions, devant le conseil. Là, dans une scène de proverbe, les ministres opinent tous, chacun selon le caractère qui résulte du portrait tracé par le *Corrége*, on parle longtemps, on ne conclut pas, et Townshend, en définitive, part sans instructions. Il paraît qu'en effet il n'en eut aucune, et ceux qui ont approché du gouvernement savent bien que rien n'est plus difficile, comme aussi rien n'est plus rare, que de donner des instructions. C'est une chose dont on parle beaucoup, mais qu'on ne voit guère. Qui sait assez ce qu'il veut pour ordonner dans un avenir incertain? Qui? Celui qui aime le pouvoir pour en user, sorte d'ambitieux qui n'est pas commune.

Cette scène offre quelque intérêt, quoique la plaisanterie nous paraisse assez froide, parce qu'elle est, ainsi que la lettre des portraits du *Corrége*, dans un genre étranger au talent de Junius. Le burlesque ni même le comique ne lui allaient, et il n'y est guère revenu, si toutefois ces deux pièces sont de lui, car nous n'avons pour le croire d'autre raison que le témoignage de l'éditeur de 1813, ce qui ne surmonte pas tous nos doutes. Quoi qu'il en soit, ce proverbe produisit assez d'effet pour être imputé à Edmond Burke, qui, déjà connu par d'importants ouvrages, avait depuis un an débuté au parlement avec éclat. Un correspondant du journal riposta par une autre scène où il introduisait Burke lui-même offrant lâchement au ministère de trahir pour lui l'opposition. De là une réplique anonyme, où notre auteur, sans défendre précisément Burke (ce n'est guère son goût que de louer ni de défendre

Charles de Rémusat

personne), réfute son contradicteur, maintient sa version, offre de prouver que Townshend est parti sans instructions, et montre cette certitude de son fait qui ne semble permise qu'aux gens bien informés et appelés par leur position sociale à puiser à la source même les nouvelles du monde politique. Ce qui est remarquable, c'est que moins de deux mois après, un correspondant, sous les initiales Y. Z., et qui est considéré par l'éditeur comme le même écrivain autrement désigné, adresse au journal un discours prononcé par Burke dans la chambre des communes, et dont le public parlait sans le connaître. Il faut savoir qu'à cette époque le parlement prenait à la lettre ce qu'on appelle les ordres permanents des deux chambres. Ces *standing orders* interdisent la présence des étrangers, et par conséquent toute publication des débats est à la rigueur une violation de privilège. Aussi n'était-il pas permis, en 1767, de rendre compte dans les journaux des discussions parlementaires. Lorsqu'on se hasardait à publier un discours prononcé dans ces assemblées toujours censées en comité secret, il fallait supprimer les noms propres, effacer tout ce qui désignait expressément l'auditoire, feindre le récit de quelque débat imaginaire où l'on aurait débité des harangues comme on en fait en rhétorique ou dans les conférences d'avocats. Le discours attribué ici à Burke fut bien prononcé à l'ouverture de la session de novembre 1767, du moins Almon l'a-t-il publié dans son recueil avec la restitution de certaines lacunes que la prudence avait prescrites au premier éditeur. Maintenant cette communication révélerait-elle que l'anonyme fût Burke lui-même? Elle indiquerait tout au plus qu'il était membre du parlement. Les discours de ce temps que nous avons encore ont été pour la plupart conservés, non par leurs auteurs, mais par des auditeurs attentifs qui prenaient des notes en écoutant et saisissaient les paroles au vol. C'est ainsi généralement que les précieux fragments de l'éloquence de Chatham sont parvenus à la postérité. D'ailleurs, pour beaucoup de raisons, Burke n'est pas Junius; mais on les mettait tous deux au premier rang des écrivains, et il était tentant de les confondre.

Des affaires qui occupèrent à cette époque le gouvernement anglais, la plus difficile et la plus importante était assurément l'affaire d'Amérique. On a vu que l'acte du timbre avait excité de vifs mécontentements de l'autre côté de l'Atlantique et provoqué des actes de résistance à la fois irritants et imprévus pour l'orgueil de la mère-patrie. Le ministère Rockingham, qui était un ministère de concession, avait bien rapporté l'acte du timbre, mais par un acte déclaratif, *declaratory act*, où le parlement affirmait son droit de taxer les colonies américaines. Il y avait donc transaction sur le fait et maintien du droit. Le grief constitutionnel existait, quoique le pouvoir eût cédé. De graves événements avaient éclaté à New-York, à Boston; la force militaire, en lutte avec la population, s'était trouvée parfois impuissante à la contenir. L'Angleterre, étonnée et indignée, ne pouvait ni pardonner ni comprendre cette résistance qu'elle imputait à une turbulence gratuite. Elle répondait à la fois par la menace et par le dédain, et restait dans ses moyens de répression fort au-dessous de la gravité d'un mal qui l'offensait sans l'alarmer. Le ministère du duc de Grafton partageait l'erreur générale. Lord Chatham, qui avait en principe beaucoup accordé aux Américains, trouvait désormais leurs plaintes aussi insensées que leur résistance, et conseillait d'opposer la fermeté à la mutinerie, sans cependant proportionner l'énergie des mesures à la difficulté de l'entreprise. On rejetait bien tout le mal sur George Grenville, auteur du bill du timbre; mais, après l'avoir abrogé, on ne croyait, pas plus que le ministère précédent, qu'il y eût sagesse ou dignité à renoncer à la prérogative du parlement britannique, et l'état des finances exigeant la création de ressources nouvelles, le chancelier de l'échiquier, Charles Townshend, avait soumis à l'importation dans les colonies certains articles, tels que le verre, le papier, le thé, et proposé d'autres bills qui restreignaient les pouvoirs législatifs de l'état de New-York. Le parlement adopta ces propositions sans hésitation, sans difficulté, sans se douter le moins du monde des conséquences possibles de ces coups d'autorité. Personne en Angleterre, hormis peut-être lord Shelburne, ne paraissait apercevoir encore la gravité de la querelle et ne montrait un juste pressentiment de l'avenir. On regardait les actes de résistance des Américains comme les violences d'un homme ivre; c'était la comparaison usitée, et elle indique assez que le gouvernement anglais entretenait toutes les illusions habituelles aux gouvernements à la veille des révolutions.

Tel était, à cet égard, le préjugé national, que l'opposition, bien loin de s'y soustraire au moins par esprit de contradiction, le soutenait au contraire et le tournait contre le pouvoir, qu'elle accusait de mollesse et d'inconséquence. Grenville tonnait dans le parlement contre la pusillanimité du cabinet. Le correspondant du *Public Advertiser* répétait le même reproche, que ne justifiaient que trop les hésitations d'un ministère divisé. Dans plusieurs lettres plus réfléchies et plus mesurées que les précédentes, il fait remonter le blâme jusqu'à l'abandon de l'acte du timbre; il défend avec force la politique et le caractère de Grenville, qu'il accuse les ministres d'avoir méconnu et trahi; il dénonce avec indignation l'esprit d'indépendance qui s'est emparé des colonies, oppose leur ingratitude et leur turbulence aux illusions et à la faiblesse du gouvernement, et montre les ministres sans cesse ballottés entre un fond d'opinions faussement populaires qui les rendent indulgents pour toute apparence d'appel aux principes de la révolution, et leur orgueil de courtisans et de parlementaires, qui leur dissimule la gravité de la lutte et l'énergie de la résistance. Toute l'inconséquence d'une politique qui blesse et n'intimide pas, qui condamne sans réprimer et s'indigne plus qu'elle ne s'inquiète, est signalée avec une piquante sagacité, et cette fois le langage, plus sévère que caustique, est bien celui qui convient en de pareilles matières. Les suites à venir elles-mêmes des fautes du pouvoir sont aperçues ou du moins annoncées. Le besoin de les aggraver, plus peut-être qu'une pénétration particulière, conduit l'écrivain à prévoir la chance d'une séparation, et même la possibilité d'une guerre étrangère. L'alliance de la France et de l'Espagne dans la question américaine est prédite, et l'homme d'état commence à se montrer, dans ces lettres où n'avait encore percé que l'homme d'esprit qui suit, en critiquant, son humeur plus que sa raison.

On doit remarquer ici quelques lettres relatives à une mesure particulière qui intéressait aussi l'Amérique. Parmi les généraux qui s'étaient distingués dans cette contrée, on citait sir Jeffery Amherst. Pour récompense de ses services, le gouvernement de la Virginie lui avait été donné, avec l'assurance qu'il ne serait jamais forcé d'y résider. Cependant la présence d'un gouverneur y semblait nécessaire, quoique la mission ne parût pas égale à l'importance du titulaire. Son titre lui fut donc enlevé et transporté à lord Boutetort, un favori de la cour, endetté, déréglé, qui n'était ni administrateur ni militaire. Cette mesure fut prise avec si peu d'égards pour sir

Jeffery Amherst, qu'il s'en montra justement offensé, et se démit du régiment qu'il commandait. A cette occasion, dix lettres au moins, souscrites de pseudonymes différents, parurent où la cause du brave général est plaidée avec beaucoup de chaleur. Ces lettres dénotent une connaissance parfaite de ses services et de ses sentiments, une indignation sympathique qui semble inspirée par l'amitié au moins autant que par la justice, et cet art qui sera bientôt admiré dans Junius, d'exagérer la gravité et d'envenimer les motifs d'une mesure particulière au point d'en faire un crime d'état. Au fond, la mesure avait été prise avec imprévoyance et brusquerie; le favoritisme y était entré pour quelque chose, et elle blessa lord Chatham, dont elle contribua à déterminer la retraite. L'auteur des lettres où elle est discutée se rendit assurément, dans cette occasion, l'organe intelligent et fidèle du mécontentement d'une partie honorable de l'armée. Ses coups portèrent assez juste pour amener sur le terrain les amis du ministre des colonies, lord Hillsborough, et l'agresseur, lui attribuant les réponses de ses défenseurs, lui adressa ses répliques à lui-même et le combattit directement. C'est déjà la manière favorite de Junius.

Cependant le parlement atteignait son terme (mars 1768). Une élection générale approchait, lorsque Wilkes, qui ne pouvait plus supporter en France le fardeau de ses dettes, et qui n'avait plus rien à dépenser que sa popularité dans son pays, reparut dans les rues de Londres, au milieu des marques bruyantes de la faveur publique. Il venait se présenter aux suffrages de ses concitoyens. Il échoua dans la Cité, bien qu'il réunît 1247 voix; mais à Brentford il triompha à une grande majorité dans l'élection du comté. Une émeute de joie célébra sa victoire.

Fort de ce premier succès, il alla devant la Cour du banc du roi, pour se faire relever du jugement de contumace qui pesait sur lui et obtenir l'annulation de l'acte qui le mettait hors la loi. Sa requête n'étant pas admise, on le conduisait en prison, lorsque la multitude, dételant ses chevaux, brisant sa voiture, l'emmena triomphant à travers la Cité jusque dans une maison de Spitalfields. Le soir, quand tout parut calmé, il se rendit lui-même à la geôle; mais le lendemain ce fut un soulèvement général dans la ville. Il fallut envoyer des gardes à cheval pour défendre la prison, et, pendant quinze jours, de tumultueux rassemblements entretinrent un désordre qui semblait un commencement de guerre civile. Le 10 mai, jour de l'ouverture du nouveau parlement, le peuple se répandit dans les rues, annonçant qu'il délivrerait le prisonnier et le conduirait de force à Westminster. La collision était inévitable ; on fit marcher des régiments écossais dont la présence et, disait-on, l'acharnement irritaient encore la populace. Un jeune homme inoffensif fut tué par un soldat, et son cadavre porté de rue en rue pour exciter la fureur publique. Le combat s'engagea, le feu des troupes fut assez meurtrier, et, quoique la nécessité de la défense justifiât l'emploi des armes de guerre, comme le peuple n'en avait pas, il appela cet engagement le massacre de Saint-George's-Fields. Le parlement opposa à l'irritation populaire des adresses de loyauté, offrit son concours pour toutes les mesures nécessaires au rétablissement de l'ordre, rendit hommage aux magistrats qui l'avaient détendu, et lord Barrington, secrétaire de la guerre, adressa par écrit des remercîments publics aux troupes qui avaient rempli le cruel devoir d'une répression sanglante. En même temps, la Cour du banc du roi releva Wilkes des incapacités qui résultaient de sa position de contumace, mais prononça contre lui une amende de 1,000 livres et un emprisonnement de vingt-deux mois, tant pour son journal que pour son poème licencieux. Quelques semaines après, un magistrat de Surrey et un soldat poursuivis pour meurtre après la journée de Saint-George's Fields furent acquittés par le jury, et le soldat obtint même une récompense. C'est le moment où lord Chatham donna sa démission (14 octobre 1768). Depuis longtemps, il n'était ministre que de nom; il pesait sur le cabinet et ne le fortifiait pas. En se retirant, il l'affaiblit encore; mais il le mit à l'aise, et reconquit pour lui-même une indépendance dont l'état de ses forces et de sa santé, évidemment au-dessous des nécessités du gouvernement, lui permit d'user encore avec quelque profit pour sa gloire. Il avait perdu dans le pouvoir presque toute celle que dans le pouvoir il avait acquise. Il en retrouva dans l'opposition, car dans l'opposition il ne faut souvent que de l'éloquence.

Il évita cependant de paraître s'entendre avec Wilkes, ou même s'intéresser à sa cause; mais il ménagea ses amis, et prit soin de ne s'associer par aucune approbation aux mesures prises contre lui. C'est à peu près de même que se conduisit à l'égard de Wilkes l'écrivain dont en ce moment nous recherchons l'histoire. Plus il semblait se rapprocher de lui par l'âcreté des critiques, par la violence des attaques, plus il s'attachait à le désavouer, à détester publiquement sa personne et ses actions. Il ne parle de lui qu'en termes méprisants, injurieux même; mais c'est comme un passeport pour juger avec sévérité les malencontreux remercîments adressés au nom du roi aux soldats qui avaient tiré sur le peuple. Il accuse les ministres d'avoir eux-mêmes amené ces extrémités cruelles en ne prenant pas d'assez bonne heure de vigoureuses mesures. Cette indulgence est malignement attribuée à leurs liaisons antérieures avec Wilkes, et ces liaisons mêmes servent à motiver d'autres reproches, quand la rigueur succède à l'indulgence. Cette rigueur devient alors de la perfidie; c'est l'odieux oubli des devoirs d'une ancienne amitié. Le duc de Grafton, lord Camden sont flétris dans leur caractère moral, comme de tristes exemples de cette passion du pouvoir qui foule aux pieds les engagements du passé et ne recule pas même devant la trahison. En tout temps, l'opposition se servit beaucoup de Wilkes, quoiqu'elle l'ait rarement soutenu et souvent outragé.

Nous arrivons à l'époque où parut dans le *Public Advertiser* la première lettre de Junius, celle dont nous avons traduit un passage en commençant.

Section V.

Nous l'avons vu, la première lettre de Junius est un tableau général de l'état de la nation et du gouvernement. Quoiqu'elle ne brille ni par l'abondance des idées, ni par une forte argumentation, quoiqu'elle ne contienne que des allégations sans preuves et sans développement, elle fut fort remarquée, et dès l'abord elle posa Junius. Elle se distinguait des publications attribuées par l'éditeur à la même plume, et elle annonçait un nouvel ordre de compositions et comme une nouvelle phase du talent de l'auteur, que l'on croyait d'ailleurs lire pour la première fois. Ce qui frappe surtout dans cette lettre, c'est le ton d'autorité, et Junius le gardera jusque dans les excès d'une polémique injurieuse. Ce que les Anglais admirèrent surtout et ce qu'ils admirent encore, c'est le style médité d'un écrivain qui travaille sa diction jusque dans les emportements de la colère. Aussi cette lettre de début, ce prologue éloquent ne passa-t-il point sans opposition. Eu faisant la revue des ministres, Junius avait rencontré et atteint le marquis de Granby, alors commandant général des forces et grand-maître de l'artillerie. Granby jouissait de la faveur publique. Son caractère facile et bienveillant, ses manières populaires, ses services distingués dans la guerre de sept ans, particulièrement à la journée de Minden, dont il n'avait pas tenu à lui que le succès ne fût encore plus complet et plus décidé, l'avaient rendu cher à la nation. Seul avec le chancelier lord Camden et sir Edouard Hawke, premier lord de l'amirauté, il représentait encore l'élément libéral qui était entré dans la formation du ministère; mais c'était une raison pour lui reprocher d'en faire partie, et Junius l'avait traité avec une dureté dédaigneuse. Sir William Draper, cet officier lettré que nous avons déjà vu prendre la défense de lord Chatham, se chargea de celle de son ancien général. Dans une lettre à l'imprimeur du journal, il opposa des éloges à des critiques, sans y mêler beaucoup de raisons, mais sans épargner les outrages. Junius répondit, et l'on put dès-lors connaître sa manière de combattre. Il commence par attaquer brusquement, vivement, en affirmant sans prouver. On répond, il réplique; mais alors, en motivant ses attaques, tout au moins en les mettant sous forme d'argument, il rend la critique plus forte et plus aiguë. Jamais il ne recule, jamais il ne désarme, jamais il n'atténue ce qu'il a dit une fois, et, quand il a frappé, il ne paraît jaloux que d'enfoncer le fer dans la plaie. Seulement, s'il craint les redites, s'il veut éviter la monotonie, s'il trouve que son argumentation s'use et faiblit, il se détourne et tombe, quand il peut, sur un nouvel adversaire. C'est ce qu'il fait cette fois en prenant à partie sir William Draper, en le contraignant personnellement à une défense assez pénible. Le brave chevalier du Bain ne manque ni d'esprit ni d'instruction; mais ses lettres, écrites avec un peu de pédanterie, sont plus insultantes que péremptoires: on y aperçoit le sentiment cruel que dut éprouver tout antagoniste de Junius, le désespoir de ne pouvoir connaître son ennemi. L'obscurité dont il s'enveloppait pour lancer des traits mortels excitait à la fois le mépris et la colère. A son mâle langage, il semblait cependant difficile d'attribuer à la lâcheté du cœur la lâcheté de l'action; on entrevoyait en lui ce qui, je crois, était vrai, une malveillance implacable qui sacrifiait jusqu'à

Section V.

la dignité personnelle au plaisir cruel de désoler ceux qu'il haïssait, et l'on espérait toujours et l'on essayait sans cesse et vainement de l'irriter par des injures, de le provoquer par des défis, de l'amener à se nommer, du moins à se trahir, ou bien enfin à se décrier par l'indignité de la conduite. Junius tient ferme, il ne donne point dans le piège; il résiste à l'irritation de l'orgueil, aux scrupules du point d'honneur. Il tient trop à sa vengeance; il reste fidèle au plan conçu dans les profondeurs d'une âme froidement passionnée, et sans doute il a dû la liberté, l'impunité, le succès de ses attaques, au mystère dans lequel il est demeuré plongé.

Les cinq lettres suivantes sont adressées au duc de Grafton. Elles suffiraient pour caractériser l'auteur et même justifier sa réputation. Elles nous arrêteront un moment.

Auguste-Henri Fitzroy, duc de Grafton, d'une grande naissance, puisque les enfants naturels de rois illustrent leur race (il descendait d'un fils de Charles II), était un jeune seigneur a donné à ses plaisirs, un des héros du Jockey-Club, mais un pur whig entré dans la vie politique sous les auspices de lord Chatham. Secrétaire d'état dans le ministère Rockingham, il en était sorti pour ouvrir l'accès du pouvoir à son illustre patron, qui, se confinant dans un rôle secondaire, l'avait choisi ou accepté pour chef nominal du cabinet formé en 1766. On devait s'attendre à y voir dominer la politique qui avait combattu celle de lord Bute et celle de George Grenville; le contraire était arrivé. On pouvait s'en prendre à plusieurs causes. Que l'opposition se démente au pouvoir, le fait est trop commun pour qu'on doive toujours l'imputer à de honteuses faiblesses. Chaque situation a ses conditions; le pouvoir a les siennes, qu'il est malaisé de ne pas prendre pour des nécessités, et auxquelles les plus fermes esprits ne se soustraient jamais entièrement. La plus grande des difficultés, et elle est souvent insurmontable, est de gouverner sans trop céder au parti qui fait profession d'aimer et qui a l'habitude d'appuyer le gouvernement. Il est rare que l'on puisse le remplacer tout entier par l'opposition subitement transportée de l'agression à la défensive. L'art suprême est de choisir et d'allier dans une juste mesure les vues nouvelles du réformateur aux traditions permanentes du conservateur. La plupart échouent sur cet écueil. Le secret de l'éviter est en France à trouver encore. On a été plus heureux ou plus habile en Angleterre; mais ce n'est pas sous l'administration du duc de Grafton. Pour être juste, il faut ajouter que lord Chatham avait témérairement et négligemment composé son ministère. Ne comptant que sur lui-même, peu propre à se servir des hommes, dédaignant et de les employer et de les craindre, il s'était mis de son plein gré en minorité dans le cabinet. Entouré d'ennemis puissants, whigs ou tories, il avait bientôt aperçu la faiblesse de la combinaison. Son ascendant personnel pouvait y remédier, mais il lui aurait fallu la plénitude de ses forces et un autre point d'appui que la chambre des pairs. Claquemuré par la goutte à Hayes, à Bath, à Burton-Pynsent, il tomba dans une incapacité d'agir dont la cause, dont la durée irritait et affaiblissait ses nerfs et son esprit, au point qu'il courut d'étranges bruits sur sa raison. Il espéra longtemps tout effacer, tout racheter quelque jour par un coup d'éclat; mais, en attendant, le ministère, abandonné sans guide, se divisait, s'abaissait, et tombait sous l'influence de l'intrigue et de la cour. Le duc de Grafton, plus vain qu'ambitieux, d'un esprit vif et léger, sans étendue ni fixité, souvent entraîné par la prévention et le caprice, ne savait ni recevoir, ni donner, ni maintenir une direction. Humilié de la faiblesse de son administration, il cherchait sans cesse à la fortifier par des négociations diverses, par des alliances contradictoires, et il venait de se rapprocher du duc de Bedford, compromis à la suite de lord Bute. Des places dans le cabinet avaient payé les frais de cette alliance nouvelle. Depuis que Conway avait cessé d'être secrétaire d'état, depuis que Chatham et Shelburne, en se retirant, avaient comme déclaré le changement de la politique, Camden, Hawke, Granby, n'étaient plus suffisants pour conserver au cabinet un peu de sa couleur primitive. En présence des accusations formidables que, par un tel abandon de ses amis, bravait le duc de Grafton, en présence d'un mouvement d'opinion populaire plus formidable encore, il lui fallait bien, au risque de démentir tous ses antécédents, tendre à l'excès les ressorts du gouvernement, résister à outrance, rallier toutes les influences de la cour, de l'intrigue, de la corruption, et s'exposer ainsi au reproche bien ou mal fondé de plier sous le patronage clandestin de lord Bute. Quelle matière à l'indignation et à l'éloquence de Junius! quelle proie tombait vivante dans ses cruelles mains!

Il faudrait abuser des citations pour faire connaître la guerre terrible qu'il engagea contre le premier ministre. Il n'épargne rien, ni sa conduite, ni son esprit, ni son cœur, ni son caractère, ni ses mœurs. Un seul fragment montrera à quelles extrémités il porte la violence de ses invectives.

« Le caractère de ceux qui sont réputés les ancêtres de certains hommes a rendu possible à leurs descendants d'atteindre sans dégénérer aux extrémités du vice. Ceux de votre grâce, par exemple, n'ont laissé aucun exemple embarrassant de vertu même à leur légitime postérité, et vous pouvez vous donner le plaisir de contempler derrière vous une illustre généalogie dans laquelle les annales héraldiques n'ont point conservé mention d'une seule bonne qualité qui pût vous humilier ou vous faire affront. Vous avez de meilleures preuves de votre descendance, mylord, que les registres des mariages ou quelque importun héritage de réputation. Il est des traits héréditaires de caractère qui peuvent distinguer une famille aussi clairement que les signes les plus noirs de la figure humaine. Charles Ier vécut et mourut hypocrite. Charles II était un hypocrite d'une autre espèce, et il aurait dû mourir sur le même échafaud. A la distance d'un siècle, nous voyons leurs différents caractères heureusement revivre et s'unir dans votre grâce. Maussade et sévère sans religion, roué sans gaieté, vous menez la vie de Charles II, sans être un aimable compagnon, et, autant que j'en puis connaître, vous pouvez mourir de la mort de son père sans la réputation d'un martyr. »

Nous ne citons point ce passage comme un des meilleurs de l'auteur, mais comme un exemple de ses emportements. Il n'est pas plus modéré lorsqu'il abandonne un moment le premier ministre pour se jeter sur le duc de Bedford. Sa lettre à ce dernier est un de ses chefs-d'œuvre, non pour la mesure et l'équité, mais pour la fermeté et la hauteur, pour la force du langage et l'habileté de la composition. Le duc de Bedford, héritier du nom de la plus grande famille qu'ait héréditairement illustrée l'amour de la liberté, était puissant par son rang, sa fortune, sa clientèle. On louait son caractère privé, ses mœurs simples, son goût pour les travaux des champs, sa fidélité pour ses amis. Son expérience parlementaire ajoutait à son influence. Whig décidé, mais jaloux, violent, obstiné,

Charles de Rémusat

sans talents personnels et d'une intelligence ordinaire, il était entouré de quelques amis politiques qui, prétendant former un parti intermédiaire, se faisaient plus ménager qu'estimer, et savaient mieux enrayer que conduire. Depuis que le duc de Bedford avait négocié la paix de Paris, si vivement reprochée à lord Bute, sa popularité était compromise, et le duc de Grafton, en se jetant dans ses bras, ajoutait à toutes ses légèretés le scandale d'une apostasie. « Vous aurez, lui écrivait Junius en terminant une de ses sanglantes épîtres, vous aurez vécu sans vertu et vous mourrez sans repentir. » Cependant Bedford était si puissant et en somme si considéré, que l'on put craindre un moment sa vengeance, et l'éditeur du journal se crut menacé d'un procès. « Que les amis du duc de Bedford gardent cet humble silence qui convient à leur situation. Ils devraient se souvenir qu'il y a encore des faits en réserve qui feraient frissonner la nature humaine; je serai compris par ceux que cela concerne, quand je dirai que ces faits vont plus loin que le duc lui-même. » Et dans un billet particulier adressé à Woodfall : « Quant à vous, c'est une opinion évidente pour moi que vous n'avez rien à craindre du duc de Bedford. Je lui réserve certaines choses pour le tenir en respect, au cas où il songerait à vous mener devant la chambre des lords. Je suis assuré de pouvoir le menacer en particulier d'une attaque qui le ferait trembler jusque dans son tombeau. »

Ces menaces mystérieuses contiennent sans doute quelque allusion aux bruits infâmes qui avaient couru lors de la paix de Paris. Cette paix trop glorieuse sans doute, la France le sait, mais qui avait laissé l'œuvre de Chatham inachevée, ne put jamais être acceptée par l'opinion comme la transaction gratuite de la prudence ou de la faiblesse; on y voulut voir un odieux marché où la princesse de Galles et lord Bute avaient vendu leur patrie. Bedford lui-même revint de France avec une réputation ternie, et atteint d'une de ces accusations que la crédulité de l'esprit de parti accueille et propage avec une facilité criminelle. C'est sans doute de quelque révélation de ce genre que le menace la sombre malveillance de Junius, et ses insinuations célèbres ont, de nos jours encore, donné naissance aux apologies des descendants de l'illustre maison de Russell.

Cette polémique, on en conviendra, dépasse de beaucoup celle à laquelle les excès même de notre presse ont pu nous habituer. Dieu nous garde de la justifier le moins du monde; on l'expliquerait peut-être en comparant la société anglaise avec la république romaine. Pour trouver quelque chose qui rappelle Junius, il faut, en effet, remonter aux philippiques de Cicéron. Sans doute les vices et les passions d'une grande aristocratie peuvent toujours encourir et mériter les sévérités du moraliste; mais Junius, il le dit lui-même, ne faisait de morale qu'avec un but politique, et les torts du gouvernement ne légitimaient pas un aussi grand déploiement d'indignation. point de système, point d'union, nulle habileté, nulle prévoyance; le décousu, l'incohérence, l'intrigue, la corruption : sur tous ces points, la critique, la satire même était permise. Il faut ajouter qu'au milieu des orages que soulevaient les fautes des ministres, entourés de dangers, assaillis par la révolte en Amérique, en Irlande, à Londres, ils étaient quelquefois entraînés à la violence dans la répression, ils faisaient plier la liberté du citoyen devant la prérogative royale, surtout devant la prérogative parlementaire. En un mot, il y avait tendance à l'usurpation, et une forte résistance constitutionnelle était de saison; mais les orages qu'elle soulevait étaient de ceux que le vaisseau pouvait supporter sans se briser. L'Angleterre agitée offrait aux yeux ce spectacle qu'en un autre sens admirait le poète :

Suave mari magno turbantibus æquora ventis, etc.

La tempête est belle à voir, moins belle que le vaisseau qui lui résiste et qui triomphe de ses coups. De toutes les circonstances où le ministère parut menacer les principes constitutionnels, la longue affaire de Wilkes est celle où il se compromit et s'égara le plus. Nous avons laissé le démagogue condamné à l'amende et à la prison, mais élu membre du parlement pour Middlesex. Dans une première et courte session (mai 1768), la chambre des communes avait ajourné toute discussion à son sujet. Lorsqu'elle se réunit le 8 novembre, des motions successives la forcèrent à s'occuper de lui. Presque toutes les questions furent gagnées par ses adversaires, et enfin, le 2 février 1769, on décida que son expulsion pour libelle séditieux et licencieux le rendait indigne de siéger en parlement; son élection fut annulée par une majorité de 228 voix contre 102. Le mois suivant, il fut réélu, et pour la troisième fois expulsé. Comme la résistance des électeurs du comté était invincible, on imagina de lui susciter un concurrent. Un Irlandais peu estimé, le colonel Luttrell, donna sa démission de membre des communes, et vint se présenter à Brentford, où se faisait l'élection de Middlesex. Il obtint 290 suffrages, tandis que Wilkes en réunit 1143, et la chambre eut le courage d'annuler l'élection du second et d'admettre le premier comme membre dûment élu par le comté (8 mai 1769). Cette énormité ne passa qu'à la majorité de 197 contre 143 votants; mais elle dénotait à quel point il y avait dans la chambre et le cabinet parti pris d'arbitraire. Elle trouva cependant des orateurs d'un grand poids pour la défendre; on comprend que Junius ne fut pas des derniers à l'attaquer. Les nombreux incidents de la longue campagne parlementaire dirigée contre Wilkes, les mesures de répression prises contre ses adhérents, les procès intentés, les causes gagnées ou perdues, les absolutions, les condamnations, les grâces, tout devint matière d'examen et d'accusation. Dans une suite de lettres consacrées à cette discussion inépuisable, rude justice est faite des sophismes que le pouvoir mettait au service d'une détestable cause. Les légistes qui s'étaient chargés de les inventer, et parmi eux on regrette de rencontrer Blackstone, l'auteur du célèbre commentaire sur les Loïs anglaises, passèrent tour à tour par les étreintes mortelles d'une puissante dialectique, et l'acte insolent d'une assemblée représentative qui élit elle-même un de ses membres et le demande à la minorité des électeurs devint le grief fondamental de l'opposition et le fait dominant de la situation intérieure. La chambre des lords elle-même fut plus d'une fois appelée à juger ce triste précédent, et refusa de le blâmer, mais sans pouvoir éviter de l'entendre librement discuter. Pendant treize ans, les motions se succédèrent de session en session pour obtenir de la chambre des communes la rétractation ou tout au moins la condamnation indirecte d'une décision monstrueuse. Cet effort persévérant ne devait triompher qu'en 1782. Que fallait-il donc faire, alors que la cause de la vérité constitutionnelle avait tous les pouvoirs contre elle, alors que, servie et compromise par les tumultes de la cité, elle rencontrait pour ennemie une majorité forte et résolue? Un seul recours restait. Il fallait en appeler du parlement au peuple. Le dernier espoir était dans de nouvelles élections; mais la chambre venait d'être élue, et ce n'est pas à elle qu'on pouvait demander de se dissoudre. Ceci conduisit à un procédé d'opposition ou d'agitation qui, sous plusieurs rapports, ne paraît pas irréprochable. Il fallut se retourner du côté du roi, et lui

Section V.

demander la dissolution du parlement. C'était sans doute invoquer l'exercice d'une prérogative toute constitutionnelle, mais c'était témoigner moins de confiance au parlement qu'à la couronne, et distinguer le roi de ses ministres pour l'inviter à déployer contre eux sa force propre et sa volonté personnelle. Sous ce prétexte, il est vrai, il devenait facile de produire ses griefs, d'accuser hautement la chambre et l'administration, et même. en prenant les formes affectées du respect et de la loyauté, de faire entendre au roi de dures vérités ou de cruels reproches. L'arme était trop commode à manier pour que l'opinion populaire manquât de s'en saisir, et Junius, le 10 décembre 1769, écrivit la lettre qui commence ainsi :

« Lorsque les plaintes d'un brave et puissant peuple augmentent visiblement en proportion des injures qu'il a souffertes, lorsqu'au lieu de se plonger dans la soumission on s'est élevé jusqu'à la résistance, le temps doit arriver bientôt où il faut que toute considération secondaire le cède à la sécurité du souverain et à la sûreté générale de l'état. Il y a un moment de difficulté et de danger où la flatterie et le mensonge ne peuvent plus tromper longtemps, et où la simplicité elle-même cesse de pouvoir être égarée. Supposons que ce moment soit arrivé; supposons un prince gracieux, bien intentionné, qui comprend enfin ses grands devoirs envers son peuple et la disgrâce de sa propre situation : il regarde autour de lui pour trouver assistance et ne demande pas un conseil, mais le moyen de satisfaire les vœux et d'assurer le bonheur de ses sujets. En de telles circonstances, ce peut être matière de curieuse spéculation que de considérer dans quels termes un honnête homme, s'il avait la permission d'approcher le roi, s'adresserait à son souverain. Imaginez, peu importe l'invraisemblance, que le premier préjugé contre ses intentions est écarté, que les difficultés d'étiquette d'une audience sont surmontées, qu'il se sent animé des plus purs et plus honorables sentiments d'affection pour son roi et son pays, et que le grand personnage à qui il s'adresse a assez de cœur pour lui ordonner de parler librement et assez d'intelligence pour l'écouler avec attention, ignorant la vaine impertinence des formes, il exprime ses sentiments avec fermeté et dignité, mais non sans respect. »

Charles de Rémusat

Le discours que Junius adresse au roi, à la faveur de cette fiction. est un résumé de toutes les plaintes de l'opposition, présentées cette fois sans violence, mais avec fermeté. Les formes du respect sont observées, les formes seulement, car plus d'un reproche amer, plus d'une insinuation blessante est dissimulée par l'apparente généralité de certaines réflexions et couverte par la gravité et la dignité du langage. Voici la fin de cette lettre célèbre :

« Sans consulter votre ministère, convoquez votre conseil tout entier. Montrez au public que vous pouvez décider et agir par vous-même. Allez à votre peuple, mettez de côté les misérables formalités de la royauté, et parlez à vos sujets avec le courage d'un homme et dans le langage d'un galant homme. Dites-leur que vous avez été fatalement trompé. Cet aveu ne sera pas un abaissement, mais un honneur pour votre intelligence. Dites-lui que vous êtes déterminé à écarter toute cause de plainte contre votre gouvernement, que vous ne donnerez votre confiance à aucun homme qui n'aura pas celle de vos sujets, et que c'est à ceux-ci que vous laissez le soin de décider, par leur conduite dans une future élection, si réellement c'est ou ce n'est pas le sentiment général de la nation que ses droits ont été arbitrairement usurpés par la présente Chambre des communes et la constitution trahie. Ils feront alors justice à leurs représentants et à eux-mêmes.

« Ces sentiments, sire, et le style dans lequel ils sont exprimés, peuvent paraître offensants, peut-être parce qu'ils sont nouveaux pour vous. Accoutumé au langage des courtisans, vous mesurez leurs affections par la véhémence de leurs expressions, et, lorsqu'ils se bornent à vous louer indirectement, vous admirez leur sincérité. Mais ce n'est pas le moment de jouer avec votre fortune. Ils vous trompent, sire, ceux qui vous disent que vous avez beaucoup d'amis dont l'affection se fonde sur un principe d'attachement personnel. Le premier fondement de l'amitié n'est pas le pouvoir d'accorder des bienfaits, mais l'égalité qui fait qu'après les avoir reçus on peut les rendre. La fortune, qui a fait de vous un roi, vous a interdit d'avoir un ami. C'est une loi de la nature qui ne peut être violée avec impunité. Le prince abusé qui cherche l'amitié trouve un favori, et, dans ce favori, la ruine de ses affaires.

Section V.

« Le peuple de l'Angleterre est loyal envers la maison d'Hanovre, non par une vaine préférence donnée à une famille sur une autre, mais par la conviction que l'établissement de cette famille était nécessaire au soutien de ses libertés civiles et religieuses. C'est là, sire, un principe d'allégeance, à la fois solide et raisonnable, fait pour être adopté par des Anglais, et bien digne des encouragements de votre majesté. Nous ne pouvons être plus long-temps abusés par des distinctions nominales. Le nom des Stuarts en lui-même n'est que méprisable; armés de l'autorité souveraine, leurs principes sont redoutables. Le prince qui imite leur conduite devrait être averti par leur exemple ; et tandis, qu'il s'enorgueillit dans la sécurité de son titre à la couronne, il devrait se rappeler que ce qui a été gagné par une révolution peut être perdu par une autre. »

Cette lettre produisit la sensation la plus vive, et chacun se demanda si une telle audace devait rester impunie. L'exemple en était contagieux. Junius réussit à propager l'idée de recourir au roi, et, en lui dénonçant ministère et parlement, de le mettre en demeure de satisfaire l'opinion publique. Ainsi la responsabilité de tous les pouvoirs retombait sur sa tête. William Beckford, un grand ami de lord Chatham, puissant dans la ville par son immense fortune, par l'indépendance de son caractère et de ses opinions, était lord-maire et se servait hardiment de son influence pour entretenir, pour attiser le feu de la guerre entre le pouvoir et l'opinion. La cité de Londres, celle de Westminster, le comté de Middlesex, avaient demandé au roi la dissolution du parlement, en se fondant sur l'expulsion de Wilkes par la chambre des communes. Leurs pétitions n'avaient pas été gracieusement reçues. Sur la proposition de Beckford, une remontrance fut délibérée par le conseil communal de la Cité, et, comme le droit de cette puissante corporation était de communiquer directement avec la personne royale, les sheriffs de Londres, après quelques difficultés, furent introduits devant le monarque et lui remirent cette humble adresse, où son devoir lui était dicté en termes très nets, et que le roi, dans sa réponse, qualifia d'irrespectueuse pour lui, d'injurieuse pour son parlement, d'inconciliable avec les principes de la constitution (14 mars 1770). Cette réponse ne fit que provoquer une nouvelle adresse, qui fut reçue de semblable manière (23 mai), et le lord-maire fit de vive voix au roi lui-même une réplique célèbre qu'on peut lire encore à Guildhall, gravée au-dessous de la statue érigée aux frais de la Cité en l'honneur de Beckford, qui mourut peu de temps après. D'autres villes, d'autres corporations imitèrent ces manifestations. Au-dessus même de la clameur populaire, la grande voix de Chatham se faisait entendre : il prenait sous sa protection les droits des électeurs, ceux de l'élu, ceux de la Cité; il criait à la constitution violée, au favoritisme triomphant; il prononçait ces fameuses paroles : « Je vois derrière le trône quelque chose de plus grand que le roi lui-même. » Le ministère n'avait pu résister à de si fortes épreuves. Lord Camden, resté chancelier en continuant de professer les principes de Chatham, n'avait pas craint de condamner, assis sur les sacs de laine de la chambre des lords, les procédés de celle des communes comme arbitraires et tyranniques, et d'engager un débat sur ce point avec lord Mansfield, son adversaire en politique et son rival en doctrine, l'habile et flexible jurisconsulte de la couronne. Le grand sceau avait été enlevé à lord Camden; mais son héritage parut, dans ces orageuses circonstances, si difficile à prendre, que Charles Yorke, après l'avoir un moment accepté, se tua de désespoir. Le grand sceau fut provisoirement confié à trois commissaires. La retraite du populaire lord Granby suivit de près celle de lord Camden. Ce dernier coup acheva de porter le trouble dans l'âme mobile du duc de Grafton. Au milieu de ses anxiétés politiques, les attaques de Junius le jetaient dans une sorte de désespoir. La situation devenait évidemment trop forte pour lui, et il prit la subite résolution de se retirer. Le chancelier de l'échiquier, lord North, devint le chef du cabinet (28 janvier 1770). Junius poursuivit l'un dans sa retraite et attaqua l'autre dans sa nouvelle grandeur. La fuite de l'ennemi ne le désarmait pas; le pouvoir naissant ne le trouvait pas moins hostile ni menaçant. Il écrivait au duc de Grafton (14 février) : « Si j'étais votre ennemi personnel, j'aurais pitié de vous et je vous pardonnerais. Vous avez à la compassion tout le droit qui peut naître du malheur et de la détresse. La condition où vous êtes réduit désarmerait le ressentiment d'un ennemi privé, et ne laisserait au cœur le plus vindicatif qu'une consolation, c'est que l'état où vous êtes abaisserait la dignité de la vengeance. Mais, dans la relation qui vous lie à ce pays, vous n'avez aucun titre à l'indulgence, et si j'avais suivi les inspirations de ma propre pensée, jamais je ne vous aurais accordé le répit d'un moment. Dans votre caractère public, vous avez fait injure à tout sujet de cet empire, et quoiqu'un individu ne soit pas autorisé à pardonner les injures faites à la société, il est appelé à soutenir sa part du public ressentiment. Toutefois, je me suis soumis au jugement d'hommes plus modérés, peut-être plus candides que moi. Pour mon compte, je ne prétends pas comprendre ces formes prudentes du décorum, ces élégantes règles de délicatesse que quelques hommes s'efforcent d'unir avec la conduite des plus grandes et plus hasardeuses affaires. Engagé dans la défense d'une honorable cause, je prendrais un parti décisif; je dédaignerais de me ménager une retraite future, ou de garder des ménagements avec un homme qui ne conserve aucune mesure avec le public. Ni l'abjecte concession de déserter son poste à l'heure du danger, ni même le bouclier sacré de la couardise, ne le devraient protéger. Je le poursuivrais toute la vie, et j'épuiserais jusqu'au dernier effort de mes facultés pour conserver la périssable infamie de son nom et pour le rendre immortel. »

A ce moment de sa correspondance, Junius commençait à chercher son point d'appui dans l'opinion de ces magistrats de la Cité qui faisaient de son conseil une chambre des communes supplémentaire. Les adresses et les remontrances de la ville, la conduite de Beckford, celle des sheriffs et des aldermen, l'accueil dédaigneux ou sévère fait par la couronne à des manifestations embarrassantes, tels sont les thèmes des lettres suivantes. L'auteur était bien pour quelque chose dans ce mouvement d'opposition qui s'attaquait au roi lui-même en invoquant sa prérogative, et le compromettait personnellement en implorant sa sagesse. Le ministère de lord North, il faut en convenir, médiocrement heureux dans ses plans et dans ses mesures, était comme son chef; il manquait de ressources et d'éclat, mais non de fermeté ni de sang-froid. Il prit son parti, et la lettre de Junius au roi fut déférée à la justice. C'est le 13 juin 1770 que l'imprimeur Woodfall comparut devant la Cour du banc du roi. C'est dans ce procès célèbre que lord Mansfield, qui la présidait, soutint avec le plus de force cette doctrine longtemps chère aux jurisconsultes de la couronne, qu'en matière de presse le jury ne devait connaître que du fait de l'impression et de la publication, non du caractère de l'écrit imprimé et publié. Il réussit trop bien dans sa thèse, et le verdict obtenu portait : « Coupable du fait d'imprimer et de publier *seulement*. » C'était dire que l'accusé n'était pas coupable d'autre chose. D'une telle déclaration il était difficile de tirer une condamnation quelconque, et le tribunal embarrassé ne prononça pas. La question et l'affaire furent ajournées. Pendant quelques mois, Junius s'était tenu sur la réserve; il craignait sans doute d'aggraver le sort de son imprimeur, dont les dangers le touchaient. C'était sous d'autres pseudonymes qu'il envoyait au journal quelques lettres d'une polémique courante, lorsqu'enfin il se résolut à un coup d'éclat, et il fit paraître sa lettre à lord Mansfield, 14 novembre 1770. « L'apparition de cette lettre, lui dit-il, attirera la curiosité du public et commandera même l'attention de votre seigneurie. » C'est une de celles, en effet, qu'on a le plus citées, et elle doit l'être encore, quoique consacrée en majeure partie à la discussion d'un point de droit; mais c'est la question célèbre de la compétence du jury en matière de libelles, question dont la solution décidait de la liberté de la presse. C'est alors qu'elle commença à devenir le sujet d'un débat grave et long, et elle demeura discutée et incertaine jusqu'aux plaidoyers d'Erskine et au bill de Fox (1791).

Mais, au temps même où cette controverse s'éleva, lord Mansfield ne parvint pas à faire pleinement triompher sa doctrine. Elle fut bien admise en droit par le banc du roi, mais elle ne fut pas appliquée à Woodfall, qui, poursuivi sur de nouveaux frais, échappa par un incident à toute condamnation. Lord Mansfield essaya de faire prononcer la chambre des lords dans le sens de son opinion, mais il s'arrêta tout court dans son entreprise. Après avoir paru soulever la question, il resta muet devant un défi de lord Camden, qui le somma de la discuter, et il n'osa répondre à une dédaigneuse réfutation de lord Chatham.

William Murray, lord Mansfield, est resté au premier rang des grands jurisconsultes de l'Angleterre. Son talent de discussion, sa capacité pour les affaires en pouvait faire un homme d'état; son caractère en ordonnait autrement. S'il eut parfois le rôle et l'importance d'un ministre, jamais il ne voulut sortir définitivement de la carrière judiciaire; il resta jusqu'à la fin chef de justice de la Cour du banc du roi et l'avocat consultant du pouvoir. Sa prudence un peu craintive, un peu intéressée, l'attacha invariablement à une position secondaire, où il était le premier. Lord Brougham l'a défendu avec succès de beaucoup d'accusations exagérées ou fausses. Comme magistrat, il eut toute la probité compatible avec une âme faible, un caractère timide, un esprit subtil. Un Écossais et un légiste pouvait difficilement se recommander par ces doctrines politiques, chères aux amis de la liberté. « Par principe, Murray est un tyran, » disait Walpole. Il resta du moins fidèle aux principes de la loi anglaise, autant que le lui permit cette flexibilité sophistique que de grandes intelligences contractent quelquefois dans la pratique exclusive de la jurisprudence.

Mais Junius ne s'arrête pas à ces distinctions équitables : il n'y a pas de nuance pour lui; il frappe sans mesure. Chez les adversaires qu'il se donne, tout est trahison, tout est bassesse, tout est infamie. Il n'épargne aucun de ces mots à lord Mansfield, et son aversion pour lui se complique encore de sa haine pour les Écossais. Dans sa bouche, comme dans la langue des préjugés du temps, le nom d'Écossais est une injure, et il le jette à la face de William Murray avec autant de certitude de l'en accabler que lorsqu'il outrage du même nom lord Bute, ou rappelle au duc de Grafton qu'il vient des Stuarts et que les Stuarts viennent d'Ecosse. Sa polémique contre le premier juge de la Cour du banc du roi remplit une bonne part du reste de la collection de ses lettres, et elle est intéressante, quoiqu'elle abonde en discussions un peu techniques sur des points de droit et sur des procédés judiciaires. Dans ces matières, les jurisconsultes, et parmi eux lord Brougham et lord Campbell, ont pu contester l'exacte compétence et la sûreté d'érudition de Junius; mais il est impossible de méconnaître la clarté, la flexibilité et la force de son argumentation.

Il deviendrait fastidieux d'énumérer les autres questions qu'il touche en passant et ses retours offensifs contre le duc de Grafton, qui, après un intervalle de quinze mois, rentra dans le ministère de lord North avec le titre de lord du sceau privé (juin 1771), et qui fut aussitôt salué par une lettre virulente que Junius avoue avoir travaillée avec le plus grand soin. « Si je me suis trompé dans mon jugement sur ce papier, dit-il, je n'écrirai plus. » Il écrivit encore, et fut surtout occupé des divisions qui s'élevèrent bientôt dans la Cité, et qui affaiblirent sensiblement l'opposition. Wilkes avait été élu alderman, puis sheriff; il aspirait à devenir lord-maire. Sa popularité qui faisait des jaloux, son caractère qui faisait des mécontents, ou son manque radical de considération qui compromettait son influence, lui suscitèrent d'orageuses résistances. Le célèbre Horne Tooke, qui était républicain (Wilkes ne l'était pas), rompit avec lui, et lui fit la guerre. Un alderman très estimé, John Sawbridge, membre distingué du parlement et qui passait aussi pour républicain, quoique fort attaché à lord Chatham, avait ses amis, son parti, son ambition. Une société s'était formée sous le nom de *société des défenseurs du bill des droits*; elle eut ses imprudences et ses divisions. Les pétitions pour la dissolution de la chambre élective avaient conduit à des idées de réforme parlementaire. Sur cette question encore neuve, il y eut divergence d'idées et de projets. Junius se jeta dans ces controverses aujourd'hui oubliées. Il s'était, vers ce temps, rapproché de Wilkes, avec lequel, sans se faire connaître, il entretint quelques correspondances privées. Il voulut le conseiller; il le combattit dans son opposition à la presse des matelots. Il le soutint dans une querelle avec Horne Tooke, contre lequel il engagea lui-même sa discussion la moins heureuse. Il désapprouva plus d'une fois la *société du bill des droits*, réduisit ses idées de réforme à l'institution des parlements triennaux, et entreprit d'amener Wilkes à céder ses prétentions au titre de lord-maire à Sawbridge, qui devint dans la chambre des communes le promoteur périodique de cette idée de la triennalité parlementaire. Il réussit incomplètement dans ces diverses tentatives, et c'est de cette époque que la puissance extérieure de l'opposition parut décliner, et le ministère s'affermir. Il faudrait entrer dans trop de détails pour rendre intéressante l'analyse de cette fin de la correspondance de Junius, laquelle se termine, le 21 janvier 1772, par une lettre à lord Camden, pour l'exciter à relever contre lord Mansfield la question des droits du jury dans les affaires de presse.

Mais, dès l'année 1769, Junius avait conçu un dessein qui l'occupa bientôt tout entier. Il songea, excité par son imprimeur, à publier en un corps d'ouvrage le recueil de ses lettres, et il donna beaucoup de soins à cette édition, qu'il compléta par une dédicace, une préface et quelques notes. L'ouvrage, qui parut le 3 mars 1772, est dédié à la nation anglaise. C'est dans cette épître qu'il promet à son livre, à cause seulement des principes qu'il renferme, un regard de la postérité; mais il se défend de toute vanité, « car, ajoute-t-il, je suis seul dépositaire de mon secret, et il périra avec moi. »

Section V.

La préface est une défense de la liberté de la presse : la portée de cette liberté tutélaire, la protection qui lui est due, sa puissance, qui contiendrait le despotisme lui-même, si elle pouvait exister sous le despotisme, la plénitude de juridiction des jurés auxquels la loi attribue le droit d'en connaître, toutes ces vérités, désormais familières aux pays libres et encore imparfaitement comprises à l'époque où Junius écrivait, sont établies une dernière fois. On peut dire que c'est de ce temps que date la vraie doctrine de la liberté de la presse, telle qu'elle est professée et pratiquée en Angleterre, et telle que tous les esprits fermes la conçoivent encore en France, même depuis que la révolution de 1848 a porté une si rude atteinte aux principes de la liberté.

Il nous semble que Junius n'a réussi qu'à cela. Comme tentative politique, sa correspondance n'a rien produit. Lorsqu'il a quitté l'arène, il n'avait, sur aucun point, remporté la victoire. Wilkes était toujours exclu de la chambre des communes, et la délibération qui disposait de son siège en faveur du candidat de la minorité restait en pleine vigueur. En matière de privilège, le parlement n'avait rien rétracté, rien abandonné. La dissolution n'en était pas accordée, la réforme n'en était pas imminente, et la ville de Londres s'était épuisée en démonstrations bruyantes, qui avaient fini par altérer l'union et compromettre l'autorité de ses magistrats. Chatham, Rockingham, Shelburne, Grenville, Burke. se consumaient dans une opposition stérile, et lord North, appuyé par la cour, entouré des Grafton, des Mansfield, des Barrington, des Hillsborough, se maintenait fortement dans un pouvoir que seules les victoires des Américains devaient lui faire perdre dix ans plus tard. Il paraît que le découragement gagna Junius. Peut-être avait-il satisfait sa haine en désolant ses adversaires, et tenait-il faiblement à les perdre. Peut-être, content de son succès, sentait-il sa veine épuisée, et craignait-il d'user son talent et de compromettre sa renommée. Peut-être enfin sa sévérité défiante lui avait-elle aliéné même ses auxiliaires et ses clients, et, las des affaires de ce monde, las des hommes de son temps, a-t-il renoncé à censurer des vices incorrigibles, à soutenir de faibles courages, à louer de chancelantes et suspectes vertus. Dans sa correspondance particulière avec son éditeur, il se montre dégoûté des gens et des choses. Les divisions du parti opposant dans la Cité paraissent surtout l'avoir tout-à-fait

Charles de Rémusat

découragé : « Si je voyais, dit-il, quelque perspective de le rallier de nouveau, je serais tout prêt à continuer de travailler à la vigne. A quelque époque que M. Wilkes me puisse dire que cette union semble en vue, il entendra parler de moi (5 mars 1772). » Et il ajoute : « *Quod si quis existimat me aut voluntate esse mutala, aut debilitata virtute, aut animo fracto, vehementer errat. Adieu.* » Mais un an après, le 19 juin 1773, il écrivait à Woodfall, qui voulait le faire sortir de son silence: «Dans l'état présent des choses, si j'allais écrire encore, il faudrait que je fusse aussi stupide qu'un bœuf qui court en fureur à travers la Cité ou qu'un de vos sages aldermen. Je connais la cause et le public; l'une et l'autre sont perdus. Je souffre pour l'honneur de ce pays, lorsque je vois qu'il ne s'y trouve pas dix hommes qui veuillent s'unir et se tenir ferme ensemble sur une seule question. Mais tout se ressemble, tout est vil et méprisable. »

Junius n'a donc contribué à déterminer aucun événement, à amener aucun résultat qui compte dans l'histoire de l'Angleterre. Il a passé à travers la politique comme un météore menaçant. et n'a laissé après lui qu'un souvenir. Mais, s'il n'a pas influé sur les faits, il aurait pu agir sur les idées, et mettre en circulation quelques théories qui datent de lui. Encore une fois, nous n'en connaissons aucune, à l'exception de sa défense des droits de la presse. Ses doctrines sur la prérogative, sur l'inviolabilité royale, sur l'indépendance du parlement, sur l'étendue et sur les limites de ses privilèges, n'offrent pas une irréprochable correction; elles sont ordinairement mêlées à des vues de circonstance et à des controverses sur les précédents, toutes choses qui animent d'abord la discussion et qui plus tard la refroidissent : les faits passent plus vite que les idées. En tout, Junius n'est pas un grand publiciste. Aujourd'hui surtout, la science constitutionnelle n'ira pas chercher dans ses œuvres de vives lumières : il n'en sait guère plus en théorie que Delolme, qu'il cite d'ailleurs et qu'il admire; mais il nous montre la constitution anglaise en action. Il nous enseigne, par son exemple, comment, dans un état libre, ceux qui s'opposent peuvent faire au pouvoir cette guerre de chicane qui est la vie de la liberté pratique, et comment l'ensemble des institutions est une suite de positions qu'il faut occuper et défendre tour à tour pour harceler ou fatiguer l'adversaire, et le faire tomber enfin, épuisé par des attaques journalières ou frappé mortellement dans une occa-

Section V.

sion bien choisie. L'Angleterre possédait alors tout ce qui devait en faire le modèle des pays libres. Ses droits généraux étaient reconnus en principe et consacrés par des précédents; ses mœurs politiques étaient formées, du moins en ce qu'elles ont de viril et de résolu, car elles avaient beaucoup à gagner en pureté, en honnêteté. La corruption était alors ouvertement pratiquée, presque ouvertement professée. Non-seulement la vénalité électorale, mais la vénalité parlementaire avait passé en coutume, c'est-à-dire que l'on regardait la distribution des titres et des pensions comme une affaire de parti et comme un moyen licite et permanent de gouvernement. Junius lui-même en critique l'emploi dans de certains cas plutôt qu'il n'en attaque le principe. Un autre fait singulier, c'est que l'unité du ministère n'était pas alors rigoureusement exigée. Les membres d'un même cabinet votaient ouverte- ment, et même quelquefois parlaient les uns contre les autres, et l'extrême diversité des partis contraignait souvent à laisser subsister au sein du gouvernement une division qui lui ôtait beaucoup de sa force et l'exposait à toutes les influences de l'intrigue. Junius a vivement décrit les conséquences de cet état de choses, et peut-être a-t-il contribué aux changements en mieux opérés depuis lors dans les idées et dans les habitudes de la politique.

C'est pourtant à la liberté de la presse qu'il a rendu les plus éclatants services. Elle existait assurément avant lui, mais elle lui a dû la position légale qu'elle occupe aujourd'hui, et il mérite, sous ce rapport, la reconnaissance de tout écrivain politique. C'est là tout. A l'exception du talent, qui est des plus remarquables, on ne voit pas ce qu'on pourrait imiter ou envier dans Junius. Le fond de ses idées morales vient de l'antiquité, et l'on reconnaît quelque chose de classique dans sa manière de sentir et déjuger, ce qui peut littérairement offrir du piquant et de l'intérêt, mais s'accorde mal avec certains sentiments d'équité et de modération affectés au moins par le goût moderne. L'esprit démocratique, à qui sa rudesse ne déplairait pas, ne saurait s'accommoder de ses idées, qui sont toutes anglaises et peu en harmonie avec les nouveautés de ce temps-ci. S'il a soutenu que le roi, pour n'être pas responsable, n'était pas moralement inviolable, et que la presse pouvait discuter ses sentiments et ses actes, il n'en était pas moins partisan systématique de la monarchie limitée, et il prend soin de se distinguer

Charles de Rémusat

des républicains, sur lesquels il s'appuie et que fréquentait Wilkes, sans se confondre avec eux. Junius n'est même qu'un réformiste très modéré. Il veut arrêter l'accroissement du pouvoir du parlement, l'abus de ses privilèges, le contenir par la loi et l'opinion, plus encore que le purifier dans son origine et le renouveler dans sa composition. Seulement il se déclare avec lord Chatham pour les parlements triennaux; mais il est si peu avancé dans ses plans de réforme électorale, qu'il conteste aux deux chambres le droit de supprimer les bourgs pourris, sur ce fondement que le constitué ne peut dépouiller ses constituants. L'omnipotence parlementaire lui paraît une formule de tyrannie. Il a plus de haine pour les dépositaires du pouvoir que pour le pouvoir lui-même. Impitoyable pour les actes du gouvernement, il respecte ses droits. J'ai déjà dit, par exemple, qu'en reconnaissant les abus de la presse des matelots, il n'hésite pas à maintenir dans les mains de l'état, au nom de l'intérêt public, ce moyen assez tyrannique de recruter sa marine. On sait également qu'il ne se montra jamais touché des griefs des Américains; leurs pensées d'indépendance ne trouvèrent en lui qu'un censeur. Dans aucun temps, il n'accorda que le parlement britannique n'eût pas le droit de les soumettre à l'impôt, comme tous les autres sujets du roi. Il défend constamment, sur ce point, la politique absolue de Grenville contre la politique plus complaisante de Shelburne, de Chatham, et même de Conway. Il demeura fidèle en cela à l'opinion ou, si l'on veut, au préjugé populaire.

Mais, si Junius ne peut être cité comme une autorité politique, si ses vues dépassent rarement le cercle des affaires de son temps, l'écrivain, dans tous les temps, est digne d'admiration, et celle qu'il inspire aux Anglais doit être respectée, sinon ressentie tout entière, par un critique étranger.

Il nous est impossible de juger de la correction du style de Junius, mais non d'en apercevoir l'élégance étudiée. Il manque de naturel, de facilité, de grâce; mais le mouvement, la force, le nerf, sont des qualités précieuses et rares chez un improvisateur. Chez lui, l'art est visible, le travail manifeste; mais la vivacité n'y perd rien, et si l'effet est cherché, il est trouvé. La violence et l'hyperbole tiennent moins à sa manière d'écrire qu'à sa manière de penser. Il portait dans la politique cette mâle et sombre misanthropie, ces haines vigoureuses qui ne connaissent ni pitié, ni mesure, ni justice. Son esprit, d'ailleurs, avait plus de force que d'étendue, plus de pénétration que de fécondité, et il n'embrassait pas assez de choses à la fois pour s'élever à l'impartialité. Junius a beaucoup d'esprit, beaucoup de passion, peu d'idées, une confiance absolue dans sa force et dans son talent, une aveugle indignation contre le mal qu'il voit ou qu'il suppose, la conviction qu'il exerce un ministère pénal contre le vice puissant. C'est de quoi expliquer ses défauts, son mérite et ses succès. Sa morale est à la fois sévère et peu scrupuleuse. Dans un ordre d'idées fort différent, il a quelque chose de Rousseau, hormis pourtant la sensibilité et l'imagination. Enthousiaste de ses idées, soupçonneux, intolérant, implacable, il se croit une Némésis inspirée, et sa vengeance lui semble la justice.

Les passions qu'il excitait, parce qu'il les ressentait lui-même, sont éteintes. L'impartiale histoire a infirmé sur plus d'un point important le témoignage de sa haine. Il n'est plus en Angleterre l'oracle de toute politique libérale, et son livre a cessé d'être, comme on le disait, la Bible de l'opposition. Son talent même, son talent, toujours admiré et auquel, en le combattant, rendait hommage le sévère Johnson, a été ramené par la critique moderne à ses proportions véritables, et on reconnaît aujourd'hui à l'écrivain plus d'habileté que d'inspiration. Cependant un intérêt puissant s'attache encore au nom de Junius : c'est que ce nom est celui d'une ombre, et le mystère entre pour beaucoup dans sa gloire. « Rien, dit Horace Walpole, ne peut surpasser la singularité de cette satire que l'impossibilité d'en découvrir l'auteur. » Il nous reste à dire si cette impossibilité existe encore, et à raconter les recherches qui ont été entreprises, les efforts qui ont été faits depuis trois quarts de siècle, pour résoudre ce problème historique, et découvrir enfin le vrai visage de *this epistolary Iron Mask*, comme l'appelle lord Byron.

Section VI.

« Soyez assuré, écrivait Junius à son imprimeur le 5 octobre 1769, que ni vous, ni personne ne pourrez jamais me connaître, à moins que je ne me fasse connaître moi-même. Artifices, recherches, récompenses, tout sera également sans effet. » Il semble que ces paroles, destinées surtout à décourager la curiosité de Woodfall, fussent une prédiction. Le vrai nom de Junius est resté enveloppé d'un mystère qui semblait impénétrable. Dès le temps où il écrivait, ce mystère étonnait ou irritait les esprits. «Où donc, disait Burke en plein parlement, chercherons-nous l'origine du relâchement actuel des, lois et du gouvernement ? Comment Junius en est-il venu à passer à travers tous les fils d'araignée de la loi et à courir le pays, libre, inviolable, impuni ? Les mirmidons de la cour ont été longtemps et sont encore occupés à le poursuivre vainement. Ils n'iront point perdre leur temps après moi, ou vous, ou vous. Non, ils dédaignent de tels insectes, tant que le puissant sanglier de la forêt qui a déchiré toutes leurs toiles est devant eux. Mais qu'obtiendront tous leurs efforts ? Il n'en a pas plus tôt blessé un qu'il en étend un autre mort à ses pieds. Pour moi, lorsque j'ai vu son attaque au roi, j'ai senti se glacer mon sang. Je pensais qu'il s'était emporté trop avant et qu'il touchait au terme de ses triomphes, non qu'il n'eût dit bien des vérités ; oui, monsieur, il y a dans cette composition bien des vérités hardies dont un prince sage pourrait profiter; mais tant de haine et de fiel me troublaient; le *North Briton* est aussi loin de l'égaler en cela qu'en force, en esprit, en jugement. Mais tandis que j'attendais de cet audacieux essor sa ruine et sa chute dernière, regardez-le s'élever plus haut encore et venir s'abattre et fondre sur les deux chambres du parlement. Oui, il a fait de vous sa proie, et vous saignez encore des blessures de ses serres. Vous vous êtes courbés, vous vous courbez encore sous sa fureur. Il n'a pas craint même les terreurs de votre front, monsieur l'orateur; il s'est attaqué même à vous; oui, il l'a fait, et je crois que vous n'avez pas lieu de triompher de cette rencontre. En un mot, après avoir emporté notre aigle royal dans ses griffes et l'avoir frappé contre les rochers, il vous a laissé tout abattu. Roi, lords et communes ne sont que le jouet de sa colère. S'il était membre de cette chambre, que ne pourrait-on pas attendre de son savoir, de sa fermeté, de son intégrité? Il se ferait aisément reconnaître à son mépris du danger, à sa pénétration, à sa vigueur. Rien n'échapperait ni à sa vigilance, ni à son activité. Les mauvais ministres ne pourraient rien dérober à sa sagacité, et promesses ni menaces ne le pourraient décider à rien dérober au public. »

Lord North répondait : « Lorsque des hommes factieux et mécontents ont amené les choses à l'état où nous sommes, com-

Section VI.

ment serions-nous surpris de la difficulté de livrer des libellistes à la justice? Comment nous pourrions-nous étonner que le grand sanglier du bois, ce puissant Junius, ait rompu les toiles et mis en défaut les chasseurs? Quoiqu'il puisse n'y avoir à présent aucune épieu qui doive l'atteindre, il pourra cependant une fois ou l'autre être pris. En tout cas. il se sera épuisé en efforts infructueux; ces défenses qu'il a aiguisées pour blesser et ébrécher la constitution seront usées. La vérité finira par prévaloir. Le public verra, sentira que Junius a avancé des faits faux, ou faussement raisonné sur de vrais principes, et que, s'il a échappé, il l'a dû à l'esprit du temps, non à la justice de sa cause. Le *North Briton*, le plus criminel libelle de son temps, aurait joui de la même sécurité, s'il avait été aussi puissamment soutenu; mais la presse n'avait pas alors couvert le pays de sa lèpre funeste, ni empoisonné les esprits du peuple. Les écrivains politiques avaient encore quelque honte; ils avaient quelque respect pour la couronne, quelque respect pour le titre de majesté. Il n'y avait pas alors démembres du parlement assez hardis pour faire des harangues en faveur des libelles. On pouvait difficilement amener les légistes à plaider leur cause. Maintenant la scène est entièrement changée. Hors des portes, en dedans des portes, prévaut un désordre abusif. Les libelles trouvent des avocats dans les deux chambres aussi bien que dans Westminster-Hall. Bien plus, on lance des libelles contre les juges eux-mêmes. On veut assouplir le privilège de cette chambre à des desseins factieux. On cherche à captiver, à confisquer le souffle de l'inconstante multitude, parce qu'apparemment on prend sa voix, qui maintenant est celle des libelles, pour la voix de Dieu. »

Ces paroles font assez connaître ce que les lettres de Junius étaient, au temps de leur publication, pour l'opposition et le gouvernement. Ces lettres rivalisaient, dans l'attention publique, avec les discours de Chatham; mais rien n'est plus fugitif que la renommée de l'écrivain politique. Dès qu'il cesse d'émouvoir les passions du jour, il est oublié. Tant que Junius avait écrit, l'enthousiasme et l'indignation, la curiosité et le ressentiment lançaient sur sa trace un public inquiet. Du temps que les courriers de la poste criaient, en traversant les villes, qu'ils apportaient un Junius avec leurs dépêches, son nom secret était le mot ardemment cherché d'une énigme irritante. Quand il se tut, de nouveaux débats, de nouvelles

Charles de Rémusat

passions vinrent distraire la foule mobile; plus de quarante ans s'écoulèrent sans que l'on pensât bien sérieusement à lui; il n'occupa plus que les curieux des singularités de la littérature. Parfois quelques auteurs de mémoires essayèrent en passant une conjecture, risquèrent une anecdote, hasardèrent un nom. L'opinion publique demeurait incertaine ou indifférente. L'épigraphe de la première édition des lettres, *stat nominis umbra*, restait le dernier mot de tous, et l'on attendait assez patiemment que quelque révélation fortuite ou volontaire vînt divulguer un secret qui n'agitait plus personne. D'ailleurs, les grands événements de la fin du dernier siècle et du commencement de celui-ci avaient imprimé un mouvement nouveau aux idées et aux passions politiques, et même dans le cercle limité de l'arène du parlement d'Angleterre, les luttes d'un autre Pitt et d'un autre Fox avaient affaibli le souvenir des débats jadis célèbres auxquels se rattachent les noms de lord Holland et de lord Chatham.

Ce n'est que vers la fin des guerres de la révolution et de l'empire, en 1813, que George Woodfall, fils de l'imprimeur du *Public Advertiser*, fit paraître la première édition complète des œuvres de Junius, celle qui a servi de base à toutes les éditions subséquentes, à toutes les recherches ultérieures, à tous les commentaires qui nous ont guidé à notre tour. Cette édition contenait, outre la préface et les lettres publiées en 1772 sous les yeux de l'auteur, de précieuses additions et notamment les billets confidentiels de Junius à son imprimeur, sa correspondance privée avec M. Wilkes et deux lettres politiques en partie inédites adressées par lui à ce grand agitateur, enfin le recueil de diverses lettres souscrites de signatures pseudonymes, que Woodfall avait insérées dans son journal, et qu'il croyait pouvoir, sur de bonnes raisons, attribuer à la même main. Ce recueil renferme en effet tout ce qu'on peut avec quelque certitude regarder comme écrit par lui, hormis les deux lettres adressées à lord Chatham, qui ont paru en 1838 avec la correspondance de cet homme d'état, lettres intéressantes surtout parce qu'elles indiquent, contrairement à certaines conjectures, que lord Chatham ne connaissait pas Junius.

L'édition de 1813 fut très bien accueillie. On conçoit que, par son contenu seul, elle devait exciter la curiosité et stimuler l'esprit d'investigation, en lui fournissant de nouveaux matériaux, en lui

Section VI.

ouvrant une voie nouvelle. La question fut donc comme remise à l'ordre du jour; elle était traitée par avance ou du moins posée avec développement dans un essai préliminaire, luis en tête du premier volume, par un auteur qui ne se nommait pas. Cet essai, ouvrage du docteur John Mason Good, doit être lu avant tout; on y trouve bien discutés les droits des divers auteurs supposés de l'ouvrage, de ceux du moins qui avaient été soupçonnés jusque-là. C'est un résumé de tout ce que savaient ou de tout ce que voulaient qu'on sût les deux Woodfall, de tout ce qui paraissait résulter avec certitude des pièces et documents laissés par le père ou communiqués par le fils. Là est encore aujourd'hui le corps des preuves à étudier, le fond de l'instruction du procès, et les additions postérieures ne dispensent pas de faire remonter toute recherche à cette déposition des premiers témoins, à cet exposé des faits donné par le premier investigateur. Rappelons ceux qui nous paraissent établis.

Samson Woodfall, imprimeur à Londres, dans la Cité, près de Saint-Paul, Angel-court, Skinner-street, était un homme estimé dans sa profession. Il avait reçu une éducation libérale, ses opinions étaient celles d'un whig décidé, et, dans ses opinions, il était sur et fidèle comme en toutes choses. Depuis le mois d'avril 1767 jusqu'en janvier 1769, il reçut de façon mystérieuse, et au milieu de beaucoup d'autres envois, des compositions empreintes d'un même esprit politique, et qui lui parurent provenir de la même plume. Cette plume, il la reconnut dans celle qui traçait et signait encore d'un C. les billets qu'à partir du 21 avril 1769 il reçut de l'auteur des lettres de Junius. L'écriture lui en paraissait un peu contrefaite. Les articles que ces billets annonçaient ou accompagnaient n'étaient pas toujours transcrits de la même main. L'auteur convenait qu'il les faisait copier. Or, ces copies n'existent plus, on le croit du moins; ou elles ont été détruites, ou elles étaient rendues, après avoir servi pour l'impression. Cette correspondance passait par des voies diverses. Quand ils étaient seuls, les billets venaient par la poste; quelquefois un commissionnaire les avait reçus dans la rue d'un gentleman inconnu; souvent le correspondant indiquait un lieu public éloigné, un café, une allée, une de ces cours, un de ces *lane* si comnmns dans la Cité, où les messagers de l'imprimeur venaient apporter une réponse, remettre ou chercher ce que les typographes appellent de la copie. Une partie de la correspondance passait aussi par le journal même où Woodfall, à l'aide d'un signe convenu, de quelques mots intelligibles pour un seul initié, insérait les avertissements nécessaires. L'auteur des billets y montre sans cesse un vif désir de rester ignoré. Il prescrit avec soin, il diversifie avec art les moyens d'assurer et de cacher tout ce commerce, et il avoue que le secret importe à son repos, à sa vie. Malgré la confiance et l'estime qu'il témoigne à son imprimeur, il craint d'être découvert ou même soupçonné par lui, Il fait tout pour détourner ses conjectures, pour amortir sa curiosité. Une fois, vaincu par son inquiétude, il lui écrit (15 juillet 1769) : « Je vous prie de me dire avec candeur si vous savez ou soupçonnez qui je suis. » Malheureusement nous n'avons pas les réponses de Woodfall; mais son mystérieux correspondant le tient toujours en éveil : il lui recommande la discrétion, la fermeté, la vigilance; il l'encourage par des éloges, et, pour le soutenir mieux encore, il ne lui cache pas que son âge et son expérience lui donnent le droit de le diriger, que son rang, sa fortune, son avenir lui donnent les moyens de le protéger; il le couvrira dans ses périls, et il réparera ses pertes; en un mot, il se fera *connaître par ses œuvres.*

Rien n'annonce que Woodfall ait jamais reçu une confidence plus étendue. En avait-il deviné davantage? On a pu le supposer, jamais l'affirmer. Il n'a rien révélé de plus, même à ses enfants, si l'on en croit leur témoignage. On cite de lui quelques mots qui indiquent une idée, une hypothèse. Comment croire qu'il n'en eût conçu aucune? Mais quelle était-elle? On l'ignore, ou du moins on dispute là-dessus. Il croyait bien savoir qui Junius n'était pas, il se donnait comme n'ayant pas cherché à savoir qui il était. Il paraissait ne s'être jamais servi des moyens que lui offrait cette correspondance même pour en découvrir l'auteur. Jamais, dans ces transmissions de papiers de la main à la main, dans ces allées et venues continuelles, on ne parvint ou l'on ne chercha à reconnaître ou à suivre personne. Une fois seulement un M. Jackson, depuis imprimeur à Ipswich, et qui apprenait sa profession chez Woodfall, vit un grand monsieur (*a tall gentleman*) en habit léger, avec une bourse et une épée, jeter dans le bureau, par la porte ouverte sur Ivy-Lane, une lettre de Junius, Jackson la ramassa et suivit l'inconnu jusqu'auprès de Saint-Paul, où il le vit monter en fiacre et s'échapper. Il paraît même que le gouvernement, qui n'était pas astreint à la même

Section VI.

discrétion que l'imprimeur, ne fut pas plus curieux, ou que ses recherches ne furent pas plus heureuses. La petite poste, que ne craignaient pas d'employer Woodfall et Junius, ne trahit rien de ce qu'on lui confiait, et il a été raconté depuis que lord North disait que l'on avait suivi le transport des lettres jusqu'à une personne cachée obscurément dans Staples-Inn, mais dont on n'avait jamais pu suivre les traces plus loin.

Voilà en gros les faits matériels sur lesquels le docteur Good appuie tout son travail. Joignant aux preuves externes l'étude des preuves internes, il passe en revue les divers personnages fort inégalement célèbres, pour lesquels avait été, jusqu'en 1813, réclamée la paternité des lettres de Junius. Il prouve assez bien qu'aucun n'a des droits, et surtout moins qu'aucun autre, les prétendants les plus connus, comme lord Chatham, Burke, Wilkes, auxquels il oppose des arguments, selon nous, péremptoires. Nous en disons autant de certains prétendants plus ignorés en France, et dont la cause a été soutenue avec chaleur, comme Gérard Hamilton, Macauley Boyd, le général Lee, Joseph Dunning, qui fut depuis lord Ashburton. Supprimons cette oiseuse discussion, et recueillons seulement, d'après Good et la plupart des auteurs qui l'ont suivi, les traits principaux auxquels devrait être reconnu le véritable Junius. Ce sont les données générales du problème à résoudre.

D'après tous les faits connus, d'après les écrits authentiques, il semble que Junius devait être un Anglais, non un Irlandais, moins encore un Écossais, un homme d'un esprit cultivé, ayant une instruction et des goûts classiques, exercé dans l'art d'écrire, sans être un écrivain de profession, parlant la langue anglaise dans sa franchise originaire, sans l'énerver par les formes à la mode, quoiqu'il trahisse par quelques mots une éducation irlandaise, et par quelques gallicismes la connaissance et l'usage du français. Il avait sérieusement étudié l'histoire et la constitution de son pays, le droit même, dont il parlait le langage avec facilité, mais sans la rigoureuse exactitude d'un jurisconsulte; il n'était ni homme de loi, ni homme d'église; il n'était pas ou il n'était plus soldat, mais il semblait savoir la guerre, comme aussi les règlements et les affaires de l'armée, dont le personnel lui était familier. Mais ses relations vont plus loin. Il doit avoir suivi le parlement, surtout de 1767 à 1772, ne paraissant guère avoir quitté Londres pendant toute cette période,

Charles de Rémusat

parfois même il s'exprime comme s'il était membre des communes. Il vit dans le monde politique, qui pour lui n'a pas de secret. Ses regards pénètrent dans les palais; l'intérieur de la famille royale n'est pas fermé pour lui; il sait comment le roi a été élevé et quel est son caractère. Ce qui se passe au sein du gouvernement ou même à la cour arrive promptement jusqu'à lui. Il parle des affaires publiques avec le ton de l'expérience; il les suit avec une attention assidue, se tient au courant de tout, étudie les questions pour les traiter, et, dans cette activité laborieuse qui semble absorber tout son temps, il écrit sur tout, et, malgré la rapidité de la composition, travaille tout ce qu'il écrit. Aucun homme ne semble lui imposer comme un supérieur, et son dédain croît avec la grandeur de ce qu'il méprise. Il fait sentir à ceux qu'il aime qu'il peut les protéger. On dirait qu'il n'a besoin de personne. Sa fortune le met au-dessus de toute vue intéressée. Il traite les questions d'argent avec l'indifférence facile d'un homme accoutumé à les négliger. Whig déclaré, il est plus vif dans ses sentiments que dans ses opinions, plus intolérant pour les personnes que pour les choses. Il a admiré le grand ministère de lord Chatham, mais cependant il règle plutôt sa politique sur celle de George Grenville. Ses haines sont violentes et profondes; son humeur irritable, fière, emportée. Il n'est froid et réfléchi que dans la recherche des moyens de satisfaire son inimitié. Il juge les hommes d'après les principes absolus d'une morale austère, d'une inflexible probité. Il ne ménage rien, excepté le secret du rôle redoutable qu'il s'est donné, et sa hardiesse n'a d'autre limite que le soin de cacher ses coups.

Maintenant, ces données acceptées, qui est Junius? Le docteur Good nous a plutôt dit qui Junius n'était pas. Il y a bien un seul des prétendants, comme nous le verrons plus tard, dont il réfute les partisans avec une brièveté négligente qui semble déceler une faible conviction; mais en tout, comme les Woodfall dont il passe pour avoir été l'interprète, il évite de certaines déclarations auxquelles on devrait s'attendre. Ces éditeurs n'ont jamais l'air de tout dire; d'autres écrivains, au contraire, en disent plus qu'ils n'en savent, et s'amusent à des hypothèses. Charles Butler, auteur estimé, connu surtout par l'ouvrage qu'il a intitulé *Réminiscences*; le docteur Parr, philologue et critique distingué; un éditeur de Junius, caché sous le pseudonyme d'*Atticus Secundus*; John Taylor, dans deux ouvrages spéciaux de 1816 et de 1 8 17; George Coventry, dans des recherches imprimées en 1822; Henri Barker, dans ses lettres publiées en 1828, se sont exercés sur un sujet qui avait occupé Burke, Wilkes, Johnson. On ferait une bibliothèque des Junius *démasqué, identifié, dévoilé*, et des dissertations et même des livres écrits sur ce que Wilkes appelait *le plus important secret de son temps*.

Nous avons lu plusieurs de ces compositions, qui toutes excitent la curiosité, dont aucune ne la satisfait. Comme elles se réfutent les unes les autres, il suffit d'en connaître quelques-unes pour les connaître à peu près toutes. Nous partons, nous, de l'édition de 1813 et de l'essai du docteur Good; ensuite nous plaçons un article de lord Brougham, où sont supérieurement analysés les deux ouvrages de Taylor; puis, en tenant compte d'un autre article inséré par Foster dans la *Revue éclectique*, nous terminons par la comparaison de l'ouvrage intitulé *Histoire de Junius et de ses écrits*, par John Jaques, avec l'édition de Junius donnée en 1850 par M. Wade, et enrichie de préfaces, de notes et d'*une histoire de la découverte de l'auteur*. Appuyé sur cette autorité nous continuons d'écarter de la lice tous les concurrents déjà nommés. Nous ne mentionnons que pour le déclarer non recevable Charles Lloyd, personnage peu connu, dont l'auteur de cinq lettres sur Junius, M. Barker, a soutenu habilement la cause, bien discutée et bien jugée, selon nous, dans l'ouvrage de M. Jaques. Nous ne nous arrêtons pas davantage à l'opinion de M. Grey. qui se prononce pour Horace Walpole.[1] Walpole écrivait bien. Son esprit est piquant, mordant, dédaigneux; mais l'élégant amateur des arts et des lettres, l'homme du monde oisif et moqueur, whig fidèle, mais dégoûté, qui ne se refusait aucun des divertissements de l'esprit, n'avait de Junius ni toutes les opinions, ni les haines, ni les violentes passions. Sa vie, ses goûts, ses affections, son scepticisme, rien ne s'accorde avec l'œuvre de colère qu'on lui veut attribuer.

Disons encore un mot de deux solutions mystérieuses données à la mystérieuse question.

Dans le cimetière de Hungerford, Berks, on lit sur une table de pierre : « Ici sont déposés les restes de William Greatrakes, esq., natif d'Irlande, qui, en venant de Bristol, mourut en cette ville, dans la cinquante-deuxième année de son âge, le 2 août 1791. *Stat no-*

1 Letters of H. Walpole, édit. de 1840, t. VI.

Charles de Rémusat

minis umbra. » Ces derniers mots ont paru indirectement désigner celui dont ils étaient la devise. On a raconté que ce Greatrakes, allant de Bristol à Londres, était tombé malade dans l'auberge de *l'Ours*, à Hungerford, et qu'avant d'y mourir il avait révélé son secret aux témoins de ses derniers moments. Il paraît mieux prouvé que cet homme, né dans le comté de Cork en 1725, avait été élevé pour le barreau; qu'après une pratique de quelques années, étant devenu officier, il quitta les armes pour revenir plaider devant la juridiction militaire; que ses succès dans cette profession le firent connaître de lord Shelburne, dans la maison duquel il était familièrement reçu pendant le temps où parut la correspondance de Junius. Cette protection lui fit obtenir plus tard une demi-solde d'officier, et il se retira dans une petite propriété près de Youghall, où il passa les dernières années de sa vie à écrire. Avant de mourir, il fit venir dans son auberge un capitaine Stopford, du 63e régiment d'infanterie, le nomma son exécuteur testamentaire, et lui confia beaucoup de papiers. C'est dans ces papiers qu'on aurait vu ou cru voir à son é(ri tare qu'il était ou Junius lui-même ou un secrétaire de Junius; mais cette anecdote se rattache à l'opinion jadis soutenue, que les fameuses lettres avaient été écrites dans la maison de lord Shelburne ou sous son inspiration, si ce n'est par lui-même. Bien des invraisemblances morales et politiques s'élèvent contre cette supposition, que n'appuie aucune preuve directe. Lord Shelburne lui-même l'a démentie. Sir Richard Phillips, éditeur du *Monthly Magazine*, a raconté dans ce recueil que le noble lord. en la démentant devant lui, avait ajouté qu'il connaissait Junius, et qu'il le ferait connaître avant sa mort (1804); mais il est mort sans avoir parlé, et son respectable fils, le marquis de Lansdowne, aujourd'hui président du conseil, a déclaré, dans une lettre du 25 mars 1850, à M. Wade, qui l'a publiée, qu'il n'avait, quant à lui. jamais reçu la confidence d'un secret dont il doutait que son père eût jamais été instruit.

On a également prétendu que le dernier lord Grenville était un des dépositaires du secret, et on lit dans un *magazine* de 1827 que dans la bibliothèque de Stowe, résidence du duc de Buckingham, qui était Grenville, ce seigneur avait, en compagnie de lord Nugent, trouvé une liasse de papiers contenant un écrit original de la main de Junius et des billets signés de son nom ou de ses initiales adressés à George Grenville; mais le duc et lord Nugent ne sont plus, et ils n'ont point confirmé ce récit. Le *Morning Chronicle* du 7 mars 1836 a bien annoncé l'existence, dans la même bibliothèque, d'une cassette scellée de trois cachets, renfermant, parmi les papiers des Grenville, les manuscrits de Junius; mais, ou les trois sceaux n'ont point été brisés, ou c'est dans cette cassette qu'on a trouvé trois nouvelles lettres de Junius adressées apparemment à George Grenville, et analogues à celles qui ont été publiées dans la correspondance de lord Chatham; elles ne jettent d'ailleurs aucun jour sur la question, et je tiens du savant M. Panizzi que les descendants des Grenville ignorent encore aujourd'hui le vrai nom de Junius.

Le terrain ainsi déblayé, nous nous trouvons en présence de deux personnages dont nous n'avons pas encore parlé, et qui nous occuperont seuls désormais.

Section VII.

Reportons-nous au moment où Junius abandonna la scène politique, 21 janvier 1772. Neuf lettres parurent encore du 28 janvier au 12 mai, qu'il signa de quelque autre nom, et dont l'authenticité est prouvée par quatre billets à Woodfall publiés sous les numéros 52, 56, 61 et 62. Dans ces billets, l'écrivain recommande l'insertion des lettres qu'ils accompagnent; il témoigne dans les termes les plus vifs son indignation contre lord Barrington, auquel il croit *le cœur le plus noir de tout le royaume* ; dans un article signé *Némésis*, le dernier, selon Woodfall, qu'il ait fait imprimer dans son journal, il trace une biographie outrageante du secrétaire de la guerre, et en même temps il recommande avec insistance à son correspondant le plus rigoureux secret, *l'insignifiante créature qu'il dénonce n'étant pas digne de la généreuse rage de Junius*. Sept lettres sont en effet dirigées contre lord Barrington, et les cinq premières, signées *Vétéran*, sont employées à raconter avec beaucoup de détail et de malice comment il aurait nommé pour secrétaire suppléant (*deputy secretary*) un M. Chamier, Français d'origine, agent de bourse, marron ou coulissier, comme on dirait chez nous, et que l'auteur veut même faire passer pour Juif. Suivant lui, ce Chamier, qu'il appelle Tony Shammy, n'a d'autre qualité que d'être beau-frère de Bradshaw, l'impur confident, le *Mercure blafard* du duc de Grafton, et, pour le nommer, on aurait congédié un excellent fonctionnaire, M. d'Oyly. Cet arrangement tout intérieur, ou, si l'on veut, ce tripotage, est expliqué minutieusement, rendu tour à tour odieux ou ridicule dans quatre lettres, et la cinquième commence ainsi : « Je vous prie d'informer le public que le digne lord Barrington, non content d'avoir chassé M. d'Oyly du bureau de la guerre, a fini par trouver moyen d'en expulser M. Francis..... Je pense que le public a droit de les sommer tous deux de déclarer leurs raisons pour avoir quitté cette administration. Des bommes dont le caractère est sans tache, comme le leur, ne résignent pas des emplois lucratifs sans de suffisantes raisons. La conduite de l'un et de l'autre a toujours été approuvée, et je sais qu'ils sont aussi bien placés dans l'estime de l'armée que quiconque occupa jamais le même poste. Pour quelle cause le public et l'armée devraient-ils être privés de leurs services? » A la suite du *Vétéran*, *Scotus* et *Némésis* redoublent l'attaque, et la dernière lettre est une sanglante biographie de lord Barrington.

En examinant cette fin de l'ouvrage, un critique attentif, M. Taylor, s'est demandé d'où provenait l'importance qu'un écrivain de l'ordre de Junius, monté au faîte de sa renommée, accoutumé à traiter des grands intérêts de l'état, avait pu attacher à un abus obscur, à l'acte d'un ministre secondaire, qui n'avait pas de place dans le cabinet. Comment pouvait-il se montrer si particulièrement informé d'une si petite affaire, la discuter avec une complaisance qu'une rancune personnelle semblerait seule motiver, prendre enfin si vivement parti pour deux fonctionnaires subalternes, au point de les louer, lui si avare de louange? Ce n'est pas la première fois que ses lettres témoignent d'une connaissance précise, technique, de tout ce qui concerne l'administration militaire; il semble n'ignorer rien de ce qui s'y passe, et, comme il dit quelque part qu'il n'est pas soldat, on le croirait un commis des bureaux de la guerre. Mais c'étaient deux commis, *first clerk*, que ces deux disgraciés dont il prend la défense? Leur cause serait-elle la sienne, et serait-il l'un deux? M. Francis, qu'il nomme en passant, était inconnu alors; mais il a montré plus tard un vrai talent dans les affaires, dans la presse, au parlement. Junius serait-il M. Francis? Une fois saisi de cette idée, M. Taylor l'approfondit, et deux ouvrages successifs furent consacrés à faire une vérité d'une conjecture. Le second ouvrage, qui contient une bonne discussion, produisit un certain effet, et cet effet fut encore augmenté quand lord Brougham, alors M. Brougham, l'analysant dans la *Revue d'Edimbourg*, n° 57, 1817, vint fortifier cette opinion de son autorité. Comme critique, il se connaît en style; comme juriste, il se connaît en preuves, et son article témoignait de sa double compétence.

Mais sir Philip Francis est peu connu en France. Quel était-il? Il était né à Dublin en 1740 d'un père homme d'église, qui avait traduit Horace et Démosthène. Après de premières études en Irlande, il vint à dix ans à Londres, où il fut élevé à l'école de Saint-Paul, dont le chef le regardait comme son meilleur écolier, et il eut pour condisciple Samson Woodfall. A seize ans, par la protection de Fox, à qui son père demeura constamment attaché, il fut placé dans les bureaux des affaires étrangères. Pitt, qui succéda à Fox, continua au jeune commis la bienveillance de son prédécesseur, et l'employa même comme secrétaire pour la langue latine (*latin secretary*). Après avoir suivi au dehors, avec un titre analogue, un général et un ambassadeur, il obtint en 1763, de la bonté de Welbore Ellis, plus tard lord Mendip, un emploi dans les bureaux de la guerre, et il y resta jusqu'en 1772. On a vu qu'après un mécontentement mal expliqué (car il semble que c'est à d'Oyly, non à lui, que lord Barrington fit injustice), il fut obligé de quitter sa place. Peu après il visita la France et l'Italie. De retour à la fin de 1772 ou au commencement de 1773, il fut, au mois de juin suivant, à la recommandation de ce même lord Barrington, nommé par lord North à l'une des trois places de membres du conseil supérieur qui venaient d'être créées pour le gouvernement du Bengale. C'était un emploi élevé et lucratif dont il s'acquitta avec distinction; mais son esprit absolu, la sévérité de ses principes, l'obstination et la violence de son caractère l'engagèrent dans une lutte constante contre le célèbre gouverneur de l'Inde, Warren Hastings. Ils vécurent en ennemis et finirent par se battre en duel. Francis fut grièvement blessé. Revenu dans sa patrie, il entra au parlement en 1784 et y poursuivit l'accusation de Hastings avec une habileté remarquable et tout l'acharnement de la vengeance. Lié intimement avec Burke, il resta whig et whig ardent, lorsque Burke cessa de l'être, et fit avec Fox, Sheridan, Tierney, toutes les campagnes de l'opposition. Il se signala par des publications politiques écrites avec talent, par quelques discours rares, fort étudiés, mais d'une vivacité brillante. Son jugement était sévère et s'exprimait volontiers par le sarcasme. Il avait plus de réputation dans le monde parlementaire que dans le public. Quoique du parti populaire, il ne fut jamais populaire. Après vingt années environ passées à la chambre des communes, il en sortit pour n'y plus rentrer. Cependant on le voit encore en 1817 quitter sa retraite et paraître dans une réunion des électeurs de Middlesex pour proposer une pétition contre la suspension de l'*habeas corpus*. Il mourut le 22 décembre 1818. Il avait été fait baronnet en 1806.

Tant que Junius écrivit, Francis ne fut pas même soupçonné. Quarante ans s'écoulèrent sans que l'on pensât à lui; mais dès qu'en 1816. M. Taylor l'eût dénoncé au monde comme le Junius véritable, cette opinion obtint beaucoup de faveur, et voici comment on peut l'établir.

Sir Philip Francis annonça dès son enfance des talents distingués. Ses études classiques étaient excellentes. Tout jeune encore, il fut comme initié dans le monde politique, puisqu'il remplit dès-lors un emploi de confiance auprès de Fox et de Pitt. Toute sa vie, il leur resta fidèlement attaché. Sa reconnaissance pour le premier, dont son père était l'ami et le chapelain, explique les sentiments bienveillants que Junius exprime une fois envers sa personne et le silence qu'il garde sur sa politique. L'admiration de Francis pour lord Chatham n'a pas besoin d'explication, car il pensait comme lui. On comprend par ses débuts mêmes comment, simple commis de la guerre, il pouvait considérer les affaires publiques du point de vue des hommes d'état, parler leur langue, pénétrer leurs intentions, connaître leur caractère, leurs relations, leurs mœurs, puiser enfin ses informations aux sources les plus élevées. On sait d'ailleurs que le jeune Francis avait d'intimes liaisons avec John Calcraft, qui, après avoir, comme lui, servi lord Holland. devint le correspondant exact et l'agent dévoué de lord Chatham, un de ces hommes politiques subalternes à qui manquent les talents qui rendent célèbre, mais non l'intelligence et l'activité qui rendent utile. Calcraft, dont on a beaucoup de curieuses lettres, était parfaitement versé dans les secrets du monde politique. Il pouvait tenir Francis au courant et l'employer au service de son patron.

Section VII.

Qu'il fût dans la confidence et les intérêts de Francis, en voici une preuve : il écrivit le 12 janvier 1772 à Almon, éditeur d'un journal de l'opposition. : « Faites un paragraphe pour dire que M. Francis est secrétaire suppléant de la guerre, » et six jours après, la nouvelle se trouvant fausse, il lui récrit qu'il le savait bien, mais qu'il désirait cette nomination très bien méritée, et qu'il espérait la faire arriver en l'annonçant. Le 20 mars, Francis perdit sa place; le *Vétéran* en parla trois jours après, et, dès le jour même, Calcraft avait ajouté à son testament un codicile ou il léguait à Francis une somme de 1,000 livres, et à sa femme une annuité viagère de 250. Si Calcraft prenait si fort à cœur les intérêts de son jeune ami, on doit peu s'étonner que le commis de lord Barrington, informé, jour par jour, des incidents de son administration. les suivît avec sollicitude, se passionnât pour ceux qui le concernaient, traitât des affaires de ménage avec la solennité d'un publiciste, et grossît des griefs de bureau à la proportion de crimes d'état. S'il cessa d'écrire sur la grande politique peu de temps avant de quitter sa place, si, même disgracié et irrité, il ne reprit pas la plume, c'est que vers ce temps l'administration de lord North parut s'affermir, et que l'espérance de voir arriver au pouvoir la coalition de Chatham, de Camden, de Rockingham et de Richmond commençait à s'affaiblir. Lorsqu'en 1773, Francis revint en Angleterre, il était sans place, sans fortune; son père et son ami Calcraft étaient morts. Il dut songer à se créer une position. Peut-être employa-t-il pour l'obtenir le secret dont il était maître et la menace du talent dont il était armé. Il est possible que lord Chatham, que lord Holland fussent instruits. Peut-être avait-on parlé, peut-être le gouvernement avait-il tout découvert; les lettres sur l'intérieur de ses bureaux avaient pu mettre lord Barrington sur la trace. Francis une fois reconnu n'était plus libre; un traité secret pouvait seul le sauver. « Nous connaissons Junius, aurait dit le roi à une certaine époque, et il n'écrira plus. » Peut-être aussi la révélation spontanée de son nom et la promesse de son silence lui valurent-elles le poste important qui lui fut donné dans l'Inde. Comment autrement expliquer que lord Barrington s'entre-mît pour doter si généreusement un commis qu'il avait renvoyé naguère? La nature de cette transaction motiverait également la discrétion absolue de tous ceux qui en furent les confidents. Il est surtout évident qu'à aucun moment de sa vie, sir Philip Francis n'a

Charles de Rémusat

dû laisser échapper l'aveu terrible qui eût perdu son repos et son honneur.

A l'appui de cette version, on donne des preuves plus directes. Sir Philip Francis était d'une grande taille. Son écriture offre des traits de ressemblance avec l'écriture contrefaite (du moins on la croit telle) des lettres de Junius à Woodfall. L'une et l'autre présentent pour la ponctuation, l'orthographe, l'emploi de certains signes, tels que les accents, les guillemets, les tirets, etc., des analogies qui sont au moins singulières. Certaines expressions, certains tours de phrase, se retrouvent les mêmes dans les lettres de Junius et dans les écrits de Francis. Ce dernier était un homme d'une intégrité sévère plutôt que d'un honneur délicat. Son caractère était fier, irritable. Franc et décidé dans le cours ordinaire de la vie, il savait être discret et impénétrable. Il poursuivait à outrance ceux qu'il haïssait, et ne pardonnait jamais. Sa vivacité n'était pas de l'irréflexion, et il revenait rarement des premiers mouvements de son orgueil ou de sa colère. Son esprit était à l'avenant de son caractère. Naturellement agressif, son ton était ferme et acerbe, sa moquerie amère et poignante. Les traits qu'il lançait semblaient préparés avec un soin cruel. Il écrivait bien, mais d'une manière plus piquante que naturelle, On convient qu'au moins dans son âge mûr son style rappelait celui de Junius, quoique dans ses ouvrages avoués il ne l'ait jamais égalé. Ce dernier point est même contesté par quelques critiques, et lord Brougham, qui d'ailleurs admire assez froidement Junius, n'hésite pas à mettre au niveau de ses morceaux les meilleurs divers fragments des discours ou des écrits de Francis choisis avec goût. Cependant il faut reconnaître chez l'un et l'autre un talent du même genre plutôt qu'un talent du même ordre.

Le lecteur aura remarqué qu'au moment où la question se posa sir Philip Francis était encore vivant. Il mourut cinq ans après que Taylor l'avait mis en cause, et lord Brougham, qui écrivait en 1817, voyait une preuve en faveur de son hypothèse dans cette circonstance même. « Si Junius était mort, disait-il, il serait connu. Il eût laissé après lui quelque trace de son passage. Le silence gardé jusqu'aujourd'hui prouve qu'encore aujourd'hui ce silence est nécessaire. Il ne peut l'être qu'à Junius lui-même. » Cet argument a perdu sa force; mais du temps qu'il était hon, et que sir Philip vivait, quoi de plus simple que de l'interpeller directement? Avant de

Section VII.

rien publier, Taylor lui avait fait demander s'il avait objection à ce que son nom figurât dans une telle investigation ; la réponse fut : « Vous êtes en toute liberté d'imprimer ce que vous jugerez convenable, pourvu qu'il ne soit porté aucune atteinte à mon caractère privé. » Mais voici qui est plus singulier. Le rédacteur du *Monthly Magazine*, voulant rendre compte de l'ouvrage de Taylor, prit le parti d'écrire à sir Philip pour lui demander ce qui en était, et il reçut le billet suivant :

« Monsieur, la grande civilité de votre lettre me détermine à y répondre, ce que j'aurais décliné, s'il se fût agi purement du sujet qu'elle concerne. De savoir si vous aiderez, en lui donnant de la publicité, à une sotte et malveillante fausseté (*a silly malignant falsehood*), c'est une question laissée à votre propre discrétion. Pour moi, c'est chose d'une parfaite indifférence. » Cette dénégation, si c'en est une, persuada sir Richard Phillips, qui l'avait provoquée; mais elle ne produisit pas généralement un effet aussi décisif, et elle est restée elle-même un texte à interpréter et l'origine de nouveaux doutes. Elle n'a pas dissuadé la *Revue d'Edimbourg*. Pendant longtemps, dans la société des anciens whigs, dans le salon du dernier lord Holland, dans celui du marquis de Lansdowne, on a admis comme fondée, ou la plus fondée, l'opinion soutenue dans ce recueil, qui, en 1840, racontait encore cette anecdote : « Lorsqu'on 1817 M. Brougham, à la chambre des communes, exprima son opinion très arrêtée touchant le caractère de Wilkes, et la honte que sa popularité jeta pendant un temps sur le peuple anglais... sir Philip Francis lui fit le jour suivant, devant quelques amis, de fortes remontrances pour avoir dit quelque chose qui tendait à déprécier un homme poursuivi par la cour. Il regardait l'offense comme encore aggravée par des éloges qui avaient été donnés à lord Mansfield, contre lequel il s'emporta amèrement. Ce ton, qui était exactement celui de Junius sur les deux sujets, fut fort remarqué dans le temps. »

Cependant la preuve invoquée par lord Brougham avait tourné contre lui. Sir Philip Francis, en mourant (1818), n'a pas laissé de testament au public. Il n'a point fait le signe attendu, et peu à peu l'attention s'est distraite, la croyance s'est affaiblie. La foi même de lord Brougham semblait un peu altérée quand il réimprimait ses articles dans son recueil d'esquisses historiques des hommes d'état

Charles de Rémusat

du règne de George III. On entrevoyait son étonnement qu'aucun témoignage irréfragable ne fût venu confirmer son opinion. Une preuve entre autres longtemps espérée était encore avenir, et elle ne se produira peut-être jamais. Au moment où Junius fit publier la collection de ses lettres, il refusa toutes les offres de son imprimeur. Il ne voulut entendre parler d'aucun profit. Il demanda seulement trois exemplaires de son ouvrage, « deux couverts en papier bleu, et un relié en vélin et or, doré sur tranches, avec ce titre : *Junius, I. II*, le plus beau possible. C'est tout le droit d'auteur (*fee*) que je vous réclamerai jamais. » (17 décembre 1771.) Or, cet exemplaire vraiment historique, où est-il? Il n'a été reconnu après quatre-vingts ans dans aucune vente de livres. Probablement il avait dû rester dans la bibliothèque de Junius lui-même. Celle de Francis a été vendue; l'exemplaire révélateur n'a point figuré dans le catalogue, parmi plusieurs éditions de Junius, annotées même de la main du propriétaire, qui traitait ainsi tous ses livres. Il est d'ailleurs singulier que l'on n'ait pas recherché et publié ces notes.

La question n'avait pas, à notre avis, fait un pas, lorsque lord Campbell publia ses vies des chanceliers d'Angleterre, et, dans celle de lord Loughborough, qui, du temps qu'il s'appelait Wedderburn et qu'il était solliciteur général, a été, contre toute apparence, soupçonné des lettres de Junius, l'auteur est conduit à s'exprimer sur la question; lui qui n'est pas souvent de l'avis de lord Brougham, il en est cette fois, et le confirme en rendant publique une lettre fort intéressante de lady Francis. La seconde femme de sir Philip, qui l'épousa, quoiqu'il fût septuagénaire (1811), paraît une personne spirituelle et distinguée. Dans sa lettre à lord Campbell, elle prétend que son mari était Junius. non qu'il le lui eût dit, mais elle le croit; non qu'elle le sût, mais elle l'affirme. Le dernier éditeur, M. Wade, s'est adressé de nouveau à elle, et il a obtenu de nouveaux indices. Sir Philip Francis n'est jamais convenu avec personne qu'il fût Junius, mais il ne l'a jamais formellement nié. Il a laissé sa femme le croire, il souffrait qu'elle le lui dit, quoiqu'elle ne lui ait jamais adressé de question directe ni demandé de déclaration positive. Toutefois il n'hésitait pas à raconter des faits que l'auteur des lettres semblait seul pouvoir connaître. Selon lady Francis, son mari, se voyant traiter comme un simple commis, privé d'espoir de promotion, négligé même par lord Chatham, écrivit ses lettres; la première suffit pour fixer sur lui l'attention, et après qu'il eut répondu en maître à sir William Draper, un *nouveau et puissant allié lui vint en aide.* Cet allié, elle ne l'avait pas nommé à lord Campbell; elle le nomme à M. Wade : c'est lord Chatham. Elle ne sait s'il connaissait l'auteur; mais qu'il lui fît arriver des renseignements, que même quelques lettres aient, avant l'impression, passé sous ses yeux, elle n'en doute pas. Cependant sir Philip ne l'a jamais nommé, il était évidemment engagé sur son honneur au secret; mais il ne donnait à personne de complet démenti. Il avait écrit: « Seul je suis dépositaire de mon secret; il périra avec moi. » pour tenir cette parole, il se permettait les évasions nécessaires. Ainsi, comme on lui disait que Burke était Junius : « Très probablement, » répondait-il. Telle était encore sa réponse à l'éditeur du *Monthly Magazine.* « Il n'y a que les sots qui pourraient y trouver un désaveu, » aurait-il dit à sa femme. Il voyait sans impatience les efforts tentés pour le découvrir, lorsqu'ils n'aboutissaient pas à des interpellations personnelles. Il aimait à être soupçonné, pourvu qu'il ne fût pas convaincu. Il craignait les questions directes et voulait éviter les mensonges formels. Lorsque parut le second ouvrage de Taylor, il fit rayer son nom de la liste du club de Brooke, dont il était un des fondateurs, apparemment pour échapper à l'inquisition dont il allait devenir l'objet. Il avait eu soin de détruire tout manuscrit de Junius, et à la mort de Calcraft, il s'était fait rendre, pour les détruire également, tous les papiers qui l'intéressaient; mais le premier présent qu'il fit à sa femme après son mariage était un exemplaire de Junius, avec prière de ne le pas laisser voir, et après sa mort, on trouva dans son bureau un *Junius identified* de Taylor, enveloppé, scellé et adressé à lady Francis. Enfin la conviction de celle-ci paraît entière, et, selon M. Wade, une opinion conforme est professée par le fils de sir Philip.

Tous ces faits paraissent donner à ses droits une grande apparence de certitude. Tout au moins doit-on admettre qu'il n'a rien négligé pour laisser s'accréditer l'opinion qui le désignait. C'est assurément la plus répandue. Cependant le doute subsiste, et dans la croyance générale, la question ne passe point pour irrévocablement résolue.

D'abord on a remarqué que les témoignages accumulés en faveur de Francis pourraient s'accorder avec une opinion intermédiaire qui a été bien des fois soutenue. Les lettres de Junius pourraient ne pas être d'une seule main. Les autres lettres qui les complètent, et que l'éditeur y a réunies, les rappellent plutôt qu'elles ne les égalent. Souvent elles en diffèrent assez pour être difficilement rapportées au même auteur. Cet ensemble ne pourrait-il pas être l'ouvrage d'une association au sein de laquelle aurait dominé un grand écrivain? Francis n'aurait alors été que son collaborateur, et il aurait fini par imiter son style. Ceux qui ont écrit avec suite dans le même journal savent que la diversité des rédacteurs n'en exclut pas à la longue une certaine uniformité de diction. On l'a remarqué pour le recueil même où j'écris en ce moment. Francis aurait donc pu contribuer à l'œuvre de Junius soit en composant quelques lettres, soit en donnant des faits et en réunissant des renseignements, soit seulement en prêtant le secours de sa plume comme copiste et en prenant note des débats parlementaires, ce qui était chose assez difficile. On sait en effet qu'il suivait les séances à cette époque, et on lui doit les extraits de quelques discours de lord Chatham. Cette collaboration d'ailleurs s'accorderait mieux avec la situation subalterne qu'il occupait encore, avec le genre et le degré de talent qu'il pouvait avoir; enfin elle expliquerait ses liaisons avec Calcraft, la destruction de certains papiers et quelques-uns des propos qu'on lui prête dans la dernière moitié de sa vie. Il n'est pas contesté que les envois de Junius à l'imprimerie n'étaient pas tous écrits de sa main, et, après s'être dit quelque part seul dépositaire de son secret, il parle à Woodfall des personnes qui assistent à la composition de ses articles (*Priv. Lett.*, n° 8). Dans ce système, sir Philip Francis pourrait être le rédacteur ou le provocateur des lettres signées *Vétéran*, *Scotus* et *Némésis*, qui traitent des affaires intérieures du ministère de la guerre.

Il nous reste à dire quelles sont, après toutes les raisons de croire, nos raisons de douter. On doit d'abord s'étonner qu'au moment où les publications de Junius occupaient le plus vivement les esprits, la curiosité n'ait pas soupçonné, ni l'indiscrétion trahi sir Philip Francis, s'il en était le véritable auteur. L'importance de la mission qui lui fut donnée pour le Bengale aurait pu mettre sur la voie; or rien n'indique que cette nomination ait été remarquée, ce qui par parenthèse montre qu'elle n'était pas si extraordinaire, et affaiblit la preuve que l'on croit trouver dans l'exagération prétendue d'un avancement inexplicable, dit-on, pour tout autre que Junius. Mais

Section VII.

ces places de nabab n'étaient pas alors aussi considérables ni aussi recherchées qu'elles l'ont été depuis, et Francis est venu jusqu'à l'âge de soixante-seize ans sans qu'on ait paru s'étonner que sa jeunesse en eût obtenu une. De 1767 à 1816, son nom n'a pas été prononcé à propos de Junius. Son secret, connu, assure-t-on, d'un assez grand nombre de personnes, a été soigneusement, religieusement gardé. C'est là, sinon une invraisemblance, une circonstance au moins singulière.

Maintenant, si c'est lui, quels motifs l'ont fait agir? On expliquerait à la rigueur comment, après avoir perdu son emploi, un homme aussi irritable se serait vengé de sa disgrâce sur le gouvernement tout entier; mais, au contraire, c'est en quittant sa place qu'il a cessé d'écrire. Fonctionnaire public, il a des devoirs à remplir, des ménagements à garder, et il poursuit des plus sanglants outrages les chefs du gouvernement qu'il sert, et particulièrement le ministre de la guerre, dont rien n'indique qu'il ait encore à se plaindre. Bien plus, il est entré dans les bureaux par la protection de Welbore Ellis, et à diverses reprises il en parle dans les termes les plus méprisants. Il y a dans cette conduite une déloyauté, tranchons le mot, une bassesse gratuite qu'on répugne à concevoir et qui ne se motive même pas.

On la motive apparemment par les passions et, pour ainsi dire, par le tempérament de l'auteur; mais ce tempérament est étrange. Qu'un jeune commis soit de l'opposition, qu'il écrive en cachette quelques lignes satiriques contre ses chefs, qu'il pousse l'indiscrétion jusqu'à se servir contre eux de certaines informations qu'il doit à sa position officielle; cette conduite, qui n'est pas irréprochable, n'a rien de fort extraordinaire. Qu'il y a loin cependant de ces malices d'un jeune homme à cette furieuse guerre déclarée avec tant d'audace, soutenue avec tant de fierté, de colère et de perfidie, à cet acharnement d'une haine superbe qui se cache derrière l'austérité des principes et la dignité du caractère! pourquoi d'ailleurs cette inimitié si directe, si implacable, contre la personne même du duc de Grafton, du duc de Bedford, de lord Mansfield ? On ne peut haïr ainsi que des persécuteurs ou des ennemis personnels. Comment un jeune homme, qui d'ailleurs n'est point entraîné par des idées exagérées de liberté, par des théories républicaines ou radicales, qui même la plupart du temps ne diffère du gouvernement que sur

Charles de Rémusat

des actes ou sur des points de droit, peut-il adopter une conduite et un langage excusables tout au plus d'opprimés à tyran, surtout quand ses ressentiments au fond ont assez peu d'énergie et de solidité pour qu'au bout de quelques mois, il cesse de les exprimer, et consente à en faire le sacrifice à ceux qu'il attaquait, en recevant de leurs mains le riche salaire de son silence. Cette légèreté dans les sentiments, cette versatilité mercenaire cadre mal, il faut qu'on l'avoue, avec l'énergie des passions.

On essaie de tout expliquer par l'admiration pour lord Chatham, par le dévouement à lord Chatham, par l'influence de lord Chatham; mais cet homme d'état continuait son opposition avec autant de vivacité que d'éclat longtemps après que Junius avait éteint la sienne. Jusqu'aux derniers jours de sa vie, jusqu'au mois d'avril 1778, il poussa la lutte généreuse qu'il avait entreprise, et depuis six ans sir Philip l'avait abandonnée! Et après cette indigne défection, après cet indigne marché, son patron et son inspirateur aurait persisté à lui garder son secret; il ne l'aurait pas trahi du moins par l'involontaire expression du mépris! Cet attachement d'ailleurs que sir Philip, en effet, a constamment porté à la personne et à la politique de Chatham, Junius l'a-t-il montré dans ses lettres? Bien loin de là, parmi celles qui lui ont été jusqu'ici attribuées, sous le titre de *Miscellaneous letters*, il en est où lord Chatham est vivement attaqué; nous en avons analysé quelques-unes. Il faut donc retirer d'abord à Junius les lettres signées *Poplicola, Anti-Sejanus, Downright*, contre l'avis de Woodfall, de tous les éditeurs, de plus d'un commentateur. Nous avons bien nous-même des doutes sur l'authenticité de quelques lettres non contestées par M. Wade. Par exemple, il veut que la scène fictive où les ministres délibèrent sur les instructions de lord Townshend soit bien de sir Philip Francis; or cette scène continue les plaisanteries d'une lettre de Corregio, où lord Chatham est tourné en ridicule, comme un infirme et un fou. Mais j'y consens, qu'on élague toutes les lettres où il est attaqué; il resterait que Junius, dans celles qu'il signe, ne le loue que tardivement et comme à regret, et lorsque dans sa cinquante-quatrième lettre, le 13 août 1771, il se décide enfin, que dit-il? qu'il doit rendre *une signalée justice à un homme qui a, il le confesse, grandi dans son estime.* Ce qui est plus significatif d'ailleurs que toutes les lettres publiées, dans un billet particulier et authentique, du 19 oc-

Section VII.

tobre 1770, Junius se plaint qu'on laisse passer comme de lui dans le journal des articles signés *un Whig*, où la politique de Chatham est préconisée, et il ajoute : « Je n'admire ni l'écrivain ni son idole. » Nous le demandons à M. Wade, est-ce Francis qui a écrit cela?

Les éditeurs de la correspondance de Chatham sont venus fortifier de leur témoignage les suppositions de Taylor. Ils ont publié deux lettres inédites que Junius adressa secrètement à lord Chatham. Ils ont publié des spécimens d'écriture. Sur ce dernier point, remarquons d'abord que si Junius était Francis, c'est-à-dire l'ancien secrétaire du grand ministre, il n'a pu espérer que son écriture, qu'on trouve à peine altérée, ne serait pas reconnue; il n'a pu lui écrire sous un pseudonyme. Et en même temps le seul fait de lui écrire ainsi prouve que Chatham n'était pas dans le secret. Que devient alors cette *puissante alliance* dont parle lady Francis? Quant aux deux lettres en elles-mêmes, la seconde est bien authentique. Junius, qui la signe, le 14 janvier 1772, y joint Tes épreuves des deux lettres à lord Mansfield et à lord Camden qui terminent sa collection. Il voudrait, en les publiant, s'assurer de la plus haute des approbations. Ses billets à Woodfall s'accordent de tout point avec ce nouveau document, qui lui-même démontre que lord Chatham était étranger à Junius. Pour la première lettre, elle est du 2 janvier 1768, c'est-à-dire du temps où le nom de Junius n'avait pas encore paru. C'est tout simplement une lettre anonyme. On y donne avis à Chatham, encore ministre, que ses collègues le trahissent, et que le duc de Grafton traite avec les amis du duc de Bedford. La lettre est spirituelle et vraie. Est-elle de Francis? Mais pourquoi se cacher derrière l'anonyme? pourquoi ne pas parler lui-même ou ne pas avertir Calcraft? Comment d'ailleurs un commis pouvait-il se croire mieux instruit de tout cela que Calcraft ou Chatham? Est-elle de Junius, ou plutôt de celui qui devait un jour prendre ce nom? Mais l'écrivain y parle *de respect et de-vénération* pour Chatham. et c'était le temps où, dans ses lettres publiques, il l'insulte, il le diffame, et l'appelle dans une citation latine *Nebulo*. Je sais que les éditeurs de la correspondance de Chatham veulent retirer à Junius toutes les lettres où il l'attaque ainsi et que Woodfall donne comme de lui; mais comment lui retireront-ils le billet que nous avons cité, et où il refuse son encens à *l'idole*?

Ils ont aussi appuyé beaucoup sur un fait qui paraît prouvé, c'est que certains discours de lord Chatham, notamment ceux du 9 janvier 1770 et du 1er mai 1771, ont été conservés uniquement sur les notes de sir Philip Francis, et que, dans ses lettres de la même époque, Junius, parlant des mêmes affaires, reproduit quelques pensées et quelques expressions de l'orateur. Parmi ces coïncidences, soigneusement relevées, quelques-unes, en petit nombre, sont remarquables; mais, quand elles seraient et plus nombreuses et plus frappantes, ne sait-on pas que lorsqu'une affaire se discute il s'établit une phraséologie que tout le monde emploie, il se crée un fonds d'idées où tout le monde puise, et les discours surtout du grand orateur du moment mettent tout de suite en circulation un certain nombre de pensées et de mots qui deviennent une monnaie courante.

Les éditeurs à qui nous répondons oublient même leur sujet au point de citer des phrases écrites long-temps après par Francis, et qui rappellent ses extraits de lord Chatham. Mais la question n'est pas si Francis imitait, suivait même en tout lord Chatham; la question se pose sur Junius. Or Junius était-il le copiste de Chatham, lui qui n'était pas même son prosélyte? Au début, il ne ménage pas ses amis. Camden, Granby, Shelburne, qui alors marchait avec lui. Sur un point fondamental, sur la grande question de l'Amérique, sa dissidence est éclatante. Il qualifie sur ce point avec sévérité la politique du cabinet Rockingham, politique que Chatham avait approuvée, que continua le ministère dont il faisait partie, qu'il poussa lui-même à de plus hardies conséquences quand il fut libre dans l'opposition. Junius, au contraire, soutint toujours l'acte du timbre, et demeura jusqu'au bout le défenseur obstiné de George Grenville. C'est bien plutôt cet homme d'état, si rarement d'accord avec son beau-frère, même quand tous deux étaient dans l'opposition, qui serait le guide constant de Junius, l'objet habituel de ses déférences et de ses sympathies. Notez que les opinions par lui soutenues sur la question de l'Amérique sont en désaccord avec celles que sir Philip Francis, longtemps après, j'en conviens, exprimait à la chambre des communes.

Junius ne paraît revenir à lord Chatham que vers l'époque où il se mêle activement des affaires de la Cité. Chatham alors, par l'intermédiaire de Beckford et de Sawbridge, agitait la ville, et soulevait toutes les puissances municipales à l'appui de l'opposition parlementaire. Junius s'efforce d'unir Sawbridge et Wilkes, duquel il s'est rapproché, après l'avoir tenu d'abord à distance; mais à cette époque même, on ne le voit ni vanter, ni soutenir, ni seconder les alliances et les combinaisons par lesquelles, dans les deux chambres, l'opposition espérait enfin triompher, et il ne paraît pas entrer dans cette association puissante dont les Pitt, les Grenville, Richmond, Rockingham, Shelburne, Camden, Barré, Dunning, Burke étaient les chefs et les orateurs. Il se tient dans une sorte d'indépendance et d'isolement, et semble traiter avec tout le monde de puissance à puissance. Est-ce bien l'attitude d'un obscur et jeune client de tel ou tel de ces hommes d'état, initié, par un hasard de position, à des intérêts politiques qui ne sont pas les siens, épousant pour un temps leurs sentiments, mais les outrant jusqu'à la violence, et leur prêtant, au grand péril de son repos et de sa sûreté, le secours d'une plume complaisante, qu'il était prêt à briser à la première tentation de la fortune? D'où lui peut venir cette connaissance de l'intérieur des palais, des actions, des sentiments, des mœurs de la famille royale, de l'éducation et du caractère du roi lui-même, qu'il met souvent en scène, et sur lequel il semble vouloir agir directement, comme sur un homme dont il aurait suivi jour par jour tous les mouvements? On dirait qu'il a vécu avec celui qu'il juge, quand il parle de George III. En le peignant, il semble épancher des souvenirs, quelquefois des ressentiments personnels, et adresser quelques-uns de ses traits les plus aigus aux côtés secrets et sensibles du caractère et de la vie d'un monarque dont il n'ignore aucun préjugé, aucun travers, aucune faiblesse. Enfin, si Francis est l'homme que nous cherchons, il faut renoncer aux opinions jusqu'à présent admises sur l'âge, la fortune, la situation sociale de Junius. On a vu qu'il fait entendre dans sa correspondance publique ou privée qu'il est assez avancé dans la vie, qu'il est riche, indépendant de position, destiné a un plus grand avenir, capable de protéger ses amis, et peut-être déjà membre de la chambre des communes. Sir Philip Francis n'était rien de tout cela.

On voudra bien comparer ces diverses considérations avec les faits en quoique sorte matériels qui paraissent établir en sa faveur une certitude quasi judiciaire.

Charles de Rémusat

Section VIII.

Nous ignorons quelle est la conviction du lecteur; mais qu'il nous permette de poser en regard d'une première hypothèse un autre système qui, nous en faisons l'aveu, serait le nôtre, si nous nous attachions uniquement aux vraisemblances morales, et si nous osions préférer à toute autre la version la plus intéressante et la plus dramatique.

Dans un de ses billets à Woodfall, Junius lui dit, le 21 juillet 1769 : « Ce Swinney est un misérable, mais dangereux sot. Il a eu l'impudence d'aller trouver lord George Sackville, à qui il n'avait jamais parlé, et de lui demander s'il était ou non l'auteur de Junius. Prenez garde à lui. »

Ce Swinney était un poète obscur, dont Junius savait qu'il n'avait jamais parlé à lord George Sackville, et qu'il venait de lui faire tout récemment une indiscrète question. Junius est inquiet de sa curiosité; il prend soin de prémunir contre toute enquête le seul homme qui sache quelque chose. Swinney voulait vérifier une supposition. Si cette supposition est fausse, pourquoi Junius en est-il si fort alarmé? Craindrait-il qu'elle ne conduisît à quelque autre, ou plutôt serait-elle sur la voie de la vérité? Dès-lors quelques-uns le croyaient ainsi. Ce fut l'avis de sir William Draper dès qu'il sut la dénégation formelle de Burke. Il est déjà remarquable qu'au milieu même du fracas produit par les mystérieuses lettres, un instinct trop singulier pour être insignifiant se soit porté sur le nom alors célèbre et compromis de lord George Sackville.

On a dit que l'imprimeur Woodfall, dans ses conversations, ne repoussait nullement cette idée, et si le docteur Good, qui écrivait sous les yeux de son fils, s'étend peu sur les droits de ce nouveau prétendant, il les combat légèrement après avoir signalé de fortes vraisemblances. On dirait qu'il croit un peu ce qu'il réfute. Dans le *Royal Register* de 1781. William Combe, connu sous le nom du docteur Syntax, disait, du vivant du noble lord, que les conjectures de beaucoup de politiques se dirigeaient sur lui. Longtemps après, les recherches de Taylor parurent; mais elles ne convainquirent pas John Foster, qui se prononça pour lord Sackville, et en 1825, dans un ouvrage spécial imprimé chez Woodfall, M. George Coventry développa les mêmes conclusions, que reprit trois ans après un anonyme américain dans un *Junius unmasked* publié à Boston. Charles Butler, qui reste indécis, semble préférer à l'opinion de Taylor celle de Coventry, et nous trouvons celle-ci parfaitement développée dans l'histoire de Junius que M. John Jaques a donnée en 1843. Le troisième fils de Lionel Cranfield Sackville, premier duc de Dorset, était né à Londres le 26 juin 1710. Filleul du roi George Ier, après de premières études à l'école de Westminster, où il se distingua surtout par son goût pour l'histoire d'Angleterre, il suivit en Irlande son père, nommé lord-lieutenant en 1730, et y finit avec éclat son éducation au collège de la Trinité de l'université de Dublin. Sa passion pour les classiques de l'antiquité le conduisit à admirer, à envier les caractères des héros d'Homère, et, dit-on, à rendre un culte au dieu de la vengeance, la vraie divinité de l'Iliade. A l'âge de vingt-un ans, il reçut une commission dans l'armée, accompagna son père dans un voyage en France, puis, comme lieutenant-colonel d'un régiment d'infanterie, il suivit George II dans le Hanovre, et se distingua à la bataille de Dettingen entre lord Granby et lord Townshend. Junius dit quelque part qu'il a servi sous le dernier.

Aide-de-camp du roi à la bataille de Fontenoy, lord George combattit sous le duc de Cumberland les Écossais rebelles, et, par ses blessures comme par ses services, il obtint à Culloden les louanges de son général, qui le fit nommer colonel. On sait avec quelle sévérité le vainqueur châtia les Écossais, et Junius parle d'eux avec le ton d'un ennemi, pendant qu'il parle de l'état-major du duc de Cumberland comme *de la grande école de l'instruction militaire et des sentiments loyaux*. Après avoir suivi son général sur le continent, dans les campagnes de 1747 et de 1748, il entra au parlement, s'y fit remarquer dans quelques discussions, et fut, en 1751, envoyé comme secrétaire de l'Irlande auprès de son père, qui y gouvernait encore. « C'est un homme d'un talent réel, d'une bravoure distinguée et d'une honorable éloquence, dit Horace Walpole, mais ardent, hautain, ambitieux et obstiné. » A la suite d'une querelle avec le parlement irlandais, sa famille quitta le pays, profondément blessée; quant à lui, de retour en Angleterre, il s'éleva de plus en plus tant dans l'armée que dans le parlement. « Il montait peu à peu au premier rôle, dit encore Walpole. » Ses rapports avec les hommes principaux de la politique, et particulièrement avec M. Pitt, en taisaient un personnage très influent dont l'avis était compté dans tous les arrangements ministériels. Il fut même, en 1757, au moment d'entrer comme secrétaire de la guerre, avec George Grenville comme chancelier de l'échiquier, et l'on sait qu'il resta constamment attaché à la politique de cet homme d'état. Dès-lors, il était membre du conseil privé et lieutenant-général de l'artillerie, sorte d'emploi politique qui associait au ministère. Le grand âge du maréchal Ligonier, son seul supérieur, le crédit dont il jouissait auprès de lui et des autres chefs de l'armée, semblaient le réserver à la plus haute fortune militaire; mais Walpole ajoute que *son naturel impétueux ne pouvait être gouverné*. La guerre l'appela bientôt hors de son pays, il fit partie de l'expédition maritime contre Saint-Malo; puis, las de ce qu'il appelait un métier de boucanier, il passa en Allemagne, où il eut le commandement de toute la cavalerie de l'armée anglo-hanovrienne. Le prince Ferdinand de Brunswick était son général en chef; Granby, son premier subordonné. Son caractère indocile et allier ne le fit aimer ni de l'un ni de l'autre. Le 1er août 1759, à la bataille de Minden, il était en réserve avec sa cavalerie, lorsqu'au milieu de l'action le prince envoya coup sur coup deux aides-de-camp pour lui donner l'ordre de marcher. Lord George prétendit que l'ordre était obscur, contradictoire : il discuta, il hésita, et pendant qu'il se rendait auprès du prince pour s'en éclaircir, Granby, son second, fit le mouvement commandé et se couvrit de gloire; mais un temps précieux avait été perdu, et ce retard rendit la victoire moins complète. Quoi qu'il en soit de cet incident militaire encore obscur et débattu, une sorte de clameur s'éleva dans l'armée contre lord George Sackville; on se vengea sur son honneur des torts de son caractère. On l'accusa de jalousie, d'entêtement, d'irrésolution; on alla même jusqu'à mettre en doute un courage dont il n'avait, disait-on, que l'orgueilleuse apparence. Il était aussi haï que Granby était populaire; son avancement avait été rapide, on l'attribuait à sa position parlementaire, à la faveur de M. Pitt, de qui l'on assurait qu'il avait obtenu son commandement à l'insu du roi. Il fut obligé de quitter l'armée, revint en Angleterre et demanda des juges. On commença par lui retirer son poste de lieutenant-général de l'artillerie, son régiment de dragons, même son grade d'officier-général, et ce fut le secrétaire de la guerre, lord

Section VIII.

Barrington, qui lui signifia les volontés du gouvernement. Pitt, alors à l'apogée de son pouvoir, ne le défendit pas. Par politique comme par patriotisme, il tenait à sa popularité dans l'armée; il aimait la bravoure et le succès; il fit assurer le prince Ferdinand qu'il aurait satisfaction. L'opinion se déclara dans le même sens; une vive controverse s'éleva; des écrits contradictoires furent publiés, quelques-uns très malveillants contre le patricien atteint dans son honneur. Enfin il comparut en mars 1700 devant une cour composée de seize officiers dont dix étaient Écossais. Les principaux témoins entendus furent le marquis de Granby, qui le ménagea, et un frère du duc de Grafton, le lieutenant-colonel Fitzroy. Cet officier, dont Sackville avait invoqué le témoignage, ne lui fut nullement favorable. Au lieu de se défendre avec simplicité, avec modestie, l'accusé prit avec la cour un ton de maître; il se montra vif et spirituel, mais méprisant et moqueur. Il fut convaincu de désobéissance et déclaré incapable de servir désormais à un titre militaire quelconque. « Pendant tout le cours des débats, écrivait Walpole, il attaquait le juge, l'accusateur, l'instruction. Réellement, un homme ne saurait manquer de courage quand il en peut montrer autant dans une situation pareille. Sans grand effort d'héroïsme, j'aurais, je crois, bien mieux aimé mener la cavalerie à la charge que d'aller à Whitehall pour y être déchiré comme il l'a été. Même, j'aurais cru ma vie moins en danger: mais c'est un homme extraordinaire, et, je vous le dis, nous entendrons encore parler de lui. » On lit dans une lettre de Gray le poète: « Que va-t-il faire de sa personne? nul ne le prévoit. La contenance assurée, les regards de vengeance, de mépris et de supériorité qu'il jette sur ses accusateurs ont fait l'admiration de tout le monde; mais il n'a pas montré son art et son talent ordinaires. En résumé, sa cause ne le soutenait pas. Vous penserez peut-être qu'il a l'intention de voyager et de cacher sa vie; au contraire, tout le monde lui rend visite à l'occasion de sa condamnation. »

Cependant il ne s'en releva pas. Le peuple était contre lui, et regrettait qu'il n'eût pas le sort de l'amiral Byng. Le roi, qui avait pesé sur ses juges, confirma la sentence dans les termes les plus durs, la déclarant dans sa décision officielle *pire que la mort pour tout homme doué de quelque sentiment d'honneur*. Il distribua à ses rivaux ses nombreux titres ou emplois, à Granby, à Townshend, au duc de Bedford, qui devint lieutenant-général, et le remplaça comme gardien suppléant du parc du Phénix à Dublin, une de ces sinécures fort appréciées, et qu'acceptaient les premiers ministres. Le roi choisit encore pour aide-de-camp le colonel Fitzroy, avança John Barrington, parent du secrétaire de la guerre; enfin, non content de rayer le nom de Sackville de la liste du conseil privé, il lui interdit de paraître à la cour. Défense fut faite à la princesse de Galles, douairière, ainsi qu'à son fils, de le recevoir, et lord Bute, qui passait pour son ami, lui ferma Carlton-House, où il était reçu jusqu'alors dans une sorte d'intimité. L'année suivante, à l'avènement de George III, il crut pouvoir se présenter; mais les ministres s'en indignèrent comme d'un manque de respect envers la mémoire du feu roi, et ce même lord Bute, qui d'abord l'avait admis, fut chargé de lui signifier son exclusion. En 1765, on parut se relâcher de cette rigueur : il rentra au conseil privé, il fut un des vice-trésoriers de l'Irlande; mais, l'année d'après, un nouveau ministère le dépouilla encore de ces titres. Ainsi, pendant longtemps, le souvenir de son fatal procès le retint dans l'isolement et dans l'obscurité, et semblait, comme un fantôme, se dresser devant lui et l'arrêter toutes les fois qu'il essayait de refaire quelques pas dans la carrière politique. Pendant ses cinq premières années de retraite, on dit qu'il se livra tout entier à la culture des lettres, et développa par l'étude les rares talents qu'il tenait de la nature et de l'éducation. Cependant il était demeuré membre des communes, mais il figurait peu à la chambre. C'est en 1766, sous le ministère du duc de Grafton, qu'après le retour d'une ombre de faveur, il fut obligé d'abandonner ses deux titres sans fonctions, et c'est le 28 avril 1767 que parut la première lettre attribuée à Junius.

Ici les rapprochements se présentent en foule. Un bomme de plus de cinquante ans, d'une grande famille, d'un haut rang, ayant passé par la guerre et les affaires, l'égal des grands personnages politiques de son temps, naguère leur émule, leur conseiller ou leur ami, brisé dans sa fortune et son ambition par une accusation qui touche à l'honneur, et que son orgueil ou même sa conscience appelle une iniquité, interdit pour ainsi dire de toutes choses en se sentant capable de toutes choses, fier, malveillant, emporté, railleur, éloquent, ayant amassé dans les ennuis d'une disgrâce cruelle, avec des trésors de haine, de puissants moyens de représailles, sort enfin de Son repos et entreprend de rendre le mal pour le mal à ce qu'il nomme ses persécuteurs; mais il ne peut leur nuire s'il se montre, il est désarmé s'il est connu : il faut qu'il se cache pour frapper, et que, retranché dans un poste impénétrable, il lance des traits plus sûrs et plus empoisonnés. Là, dans la nuit qu'il s'est faite, il se résigne à tout supporter, les mépris, les affronts, les défis, pourvu qu'il blesse, pourvu qu'il désole ceux qu'il déteste. Sa haine et son orgueil le décident à dévorer toutes les bassesses d'un pareil rôle; il l'ennoblit en quelque sorte en le rendant terrible. Il se fait plus craindre encore que mépriser, et rien ne lui coûte à sacrifier des scrupules de l'honneur et de la justice, pourvu qu'il les immole sur l'autel du dieu des héros d'Homère, la vengeance.

Voilà comment on concevrait le personnage de lord George Sackville, s'il était en effet le héros de cette singulière histoire. Il n'est pas besoin de remarquer que toutes ses inimitiés concordent merveilleusement avec celles de Junius. Même communauté d'opinions. Il était whig et peu démocrate, n'ayant rien de populaire que les principes. Pour l'âge, le rang, la fortune, l'aversion des Écossais, la connaissance de l'armée et des affaires militaires, les réminiscences des universités d'Irlande, l'expérience de la cour et du parlement, lord George reproduit Junius. Il était d'une haute taille, sa tournure était distinguée. De 1763 à 1772, on croit avoir la preuve qu'il ne s'éloigna guère de Londres. Du moins suivit-il exactement la chambre des communes. On ajoute qu'il logeait dans Pall-Mall, et un des billets de Junius à Woodfall, un seul, il est vrai, est imprudemment daté : *Pall-Mall.*

A propos de la résidence de Junius, c'est le lieu d'éclaircir un petit fait qui a beaucoup occupé les commentateurs. Le 8 novembre 1771, Junius écrit en grand secret à son imprimeur de se garder de Garrick, qui est venu *pour le pomper*, et qui a couru à Richmond informer le roi que Junius n'écrirait pins. Le jour suivant, il lui dépêche pour le pauvre acteur un billet insultant qu'il le force à lui transmettre, et où il cherche, en l'appelant *vagabond*, à l'intimider par de rudes menaces. Son inquiétude égale sa colère. Il y revient pendant plus de trois semaines et multiplie les précautions, tant il craint d'être deviné. L'affaire n'était pas fort grave. Garrick était lié avec Woodfall; il avait même une part dans la propriété du *Public Advertiser.* et c'était l'éditeur qui, s'occupant alors de l'édition complète, avait écrit à son associé, spontanément et sans aucune intention, que Junius allait cesser d'écrire. Garrick en avait, dans sa correspondance, fait part à ses amis comme d'une nouvelle intéressante, et notamment à l'un d'eux qui se trouvait à Richmond, un M. Ramus, page du roi. Le courroux de Junius était donc aussi peu fondé que ses craintes, et il en fut pour ses frais d'injures et de malédictions. Maintenant, les commentateurs se sont demandé comment il avait pu être averti si vite des nouvelles qui parvenaient au roi. M. Wade dit que sir Philip Francis était lié avec Garrick, qui fréquentait la maison de lord Rolland, ou plutôt que ce dernier avait pu tenir la nouvelle du roi lui-même et la transmettre à son chapelain, le père de Francis. M. Jaques, au contraire, établit qu'à cette époque lord George Sackville habitait dans le parc de Richmond une maison du poète Thompson qu'on y montre encore, et que, par les relations qu'il devait avoir conservées avec l'intérieur du palais, il pouvait à point nommé être informé de tout ce qui s'y passait. Il avait entre autres pour ami sir Jeffery Amherst, aide-de-camp du roi, et dont la famille, originaire du Kent, était voisine de la sienne. Ajoutons immédiatement que ses relations étaient également intimes avec l'alderman Sawbridge, du même comté, à ce point qu'il lui céda une fois son siège au parlement. Enfin il était fort lié avec d'Oyly. dont il fit plus tard, étant ministre, son secrétaire de confiance. Or d'Oyly, Sawbridge, Amherst, ce sont tous trois autant de protégés de Junius. Le premier surtout paraît être entré si avant dans l'intimité de lord George, qu'on a imaginé qu'il pouvait être dans la confidence de son secret et lui servir d'aide ou de copiste. Le rang de lord George s'accorde assez bien avec la supposition d'un Junius entouré d'auxiliaires à ses ordres, et les services de d'Oyly expliqueraient suffisamment la chaleur avec laquelle son protecteur l'aurait vengé de lord Barrington. Junius, qui prétend quelquefois n'avoir pas de confident, parle cependant à son éditeur, dans un billet du 18 janvier, du gentleman qui se charge du transport de leur correspondance, et l'on comprend en effet que ce ne pouvait guère être un grand personnage, comme le fils du duc de Dorset, qui fît, à cinquante-six ans, toutes les courses et toutes les commissions nécessaires. Il fallait un intermédiaire et qui ne fût pas un domestique. Ce pouvait être d'Oyly ou même Francis; mais quel eût été le gentleman dont Francis se fût servi?

Section VIII.

Francis se fût servi lui-même. Mais alors il faut toujours qu'il ait joué la comédie lorsqu'il parle en homme d'importance, et qu'il dit par exemple à Woodfall : « Après une longue expérience du monde, j'affirme devant Dieu que je n'ai jamais connu un coquin qui ne fût malheureux. »

Nous indiquerons sur-le-champ quelques objections. La première, et qui serait forte, la seule même que mette en avant le docteur Good, s'appuie sur un passage de la scène, déjà citée, où un anonyme fait figurer les principaux membres du ministère. Lord Townshend, fort embarrassé, y dit ces mots : « Je crois que la meilleure chose que je puisse faire est de consulter mylord George Sackville. Son caractère est connu et respecté en Irlande autant qu'il l'est ici; je sais qu'il aime à être posté sur les derrières aussi bien que moi. » Si cette scène était certainement de Junius, le passage serait grave, car j'ai peine à en croire ceux qui veulent que lord George, pour détourner les soupçons, ait eu le triste courage de faire une plaisanterie sur son honneur; mais quoique M. Wade trouve cette scène tout-à-fait dans le goût de Junius, elle appartient à un genre qui n'est pas le sien, et la forme comique nous semble peu à son usage. Il ne se met pas à la place de ses adversaires même pour les rendre ridicules, il les attaque de front. M. Jaques penche à rejeter comme apocryphe ce dialogue satirique et qui n'est qu'une continuation de la lettre des portraits du *Corrége*, lettre que rejette M. Wade comme injurieuse pour lord Chatham. Et le dialogue et la lettre ne nous inspirent aucune confiance.

Une autre objection se présente. Aucune preuve n'est donnée du talent d'écrire de lord George Sackville. Il passait pour un homme d'un esprit très distingué; il parlait bien et brillait parmi les habiles du parlement. On citait son instruction littéraire, mais il n'a fait aucun ouvrage; il n'était pas un auteur de profession, il écrivait peu. Sa lettre sur son procès à lord Fitzroy est assez médiocre, et ce qu'on a pu connaître de sa correspondance officielle ne porte point de traces d'un style original. Ce n'est pas une preuve qu'il ne sût pas au besoin bien écrire, mais c'est une raison de douter; nous devons même dire que l'on cite de lui quelques fragments de discours remarquablement bien tournés. « Mais ce qu'on cite, dit M. Jaques, ne serait pas une bonne pierre de touche pour juger de ce qu'il était capable de faire, excité par les passions les plus puissantes de notre

Charles de Rémusat

nature. On peut accorder que, malgré les talents reconnus et les ressources acquises de lord Sackville, c'est seulement inspiré par le démon de la vengeance qu'il s'est surpassé lui-même, et qu'il a déployé contre les auteurs de ses disgrâces cette énergie presque surnaturelle qui éclate si visiblement dans les lettres de Junius. C'est ainsi qu'un homme, sous l'influence de l'opium, sent, à ce qu'on dit, ses facultés s'aiguiser et s'exalter à un degré extraordinaire, et entre, pour un court espace de temps, en possession de visions extatiques de joie et de bonheur qui feront inévitablement place aux sensations les plus déprimantes de l'horreur et du désespoir. » Ce passage semblera peut-être une preuve que l'écrivain lui-même n'était pas excellent connaisseur en l'art d'écrire. Nous avouons que l'absence de titres bien établis sous ce rapport manque à lord George Sackville, et cette lacune est grave. Cependant l'objection ne paraît pas avoir touché beaucoup Charles Butler, le docteur Parr, John Foster, qui sont eux certainement des juges compétents en matière de littérature, et du vivant de lord George on ne voit pas que personne ait trouvé invraisemblable qu'il écrivît aussi bien que Junius. Il est certain que ses contemporains avaient de lui la plus haute idée. C'est l'Agamemnon du jour, dit une fois lord Chatham. Il est d'ailleurs remarquable que, dès l'apparition des premières lettres, lord George ait été soupçonné. Lors de la querelle avec sir William Draper, un certain *Titus* y intervint et envoya au *Public Advertiser* une lettre où on lit : « Vous savez, Junius, que Granby sait obéir,... qu'il ne discute pas les ordres de ses supérieurs,... qu'il n'a pas eu peur de conduire la cavalerie à Minden. » *Titus*, évidemment, croyait parler à Sackville. Aussitôt, Junius irrité joint à sa cinquième lettre ce post-scriptum : « J'ai résolu de laisser le commandant en chef jouir en paix de son ami et de sa bouteille; mais *Titus* mérite une réponse, et il l'aura complète. » Cette réponse ne parut jamais. En y réfléchissant mieux, Junius se tut. Comment expliquer ce silence?

A défaut des styles, on voudrait pouvoir comparer les écritures. Les spécimens de celle de sir Philip Francis ont donné lieu à des rapprochements qui sont presque des preuves. Ces preuves ont même servi à faire de Francis un secrétaire de Sackville, hypothèse que rien ne contredit absolument; mais aucun billet de la main du dernier n'a été produit, pas même par M. Good, ni par les Woodfall, que Sackville avait eus pour imprimeurs lors des publications qu'il fit pour son procès. On prétend toutefois que son écriture ressemble à celle de Junius, qui d'ailleurs n'a rien d'original, et qui rappelle plusieurs écritures du temps. Foster a demandé vainement, il y a trente-huit ans, qu'on fît connaître la main de lord George, et quand M. Coventry s'adressa au dernier duc de Dorset pour obtenir des lettres de son père, sa grâce lui répondit qu'elle n'en avait aucune. Elle ajouta que lord Sackville était un homme bien injustement traité. On appréciera ce que vaut cette réponse. Lord Delawarr, qui a épousé la fille du duc de Dorset, et qui seul représente aujourd'hui cette maison, pourrait sans doute donner aux futurs critiques un peu plus de satisfaction.

M. Jaques, à qui nous avons emprunté presque toutes ces observations, en ajoute bon nombre d'autres qu'on peut voir dans son livre : une seule doit encore être relevée. Lord George Sackville haïssait lord Mansfield, avec qui d'ailleurs il n'était pas sans relations; on suppose que l'habile magistrat avait été à la fois son conseiller et le conseiller du gouvernement dans les poursuites intentées contre lui. Le fait certain, c'est qu'à la séance du 6 décembre 1770, où une enquête fut demandée sur l'administration de la justice criminelle, lord George, dans un discours plein d'une amère ironie, appuya la motion en feignant d'épouser les intérêts de lord Mansfield, contre qui elle était dirigée, et Junius, dans sa lettre du 13 suivant, triomphe du résultat de cette séance; il insiste sur ce qu'elle a de cruel pour le juge inculpé. « Sache la postérité, dit-il, que lorsqu'il était attaqué avec tant de véhémence, pas un ministre n'a dit un mot pour le défendre. »

Enfin on ne peut omettre un fait assez remarquable. En 1774, Woodfall fut mis à l'amende par la chambre des communes pour lui avoir manqué de respect en publiant indûment ses débats, et quand une pétition fut présentée en son nom pour implorer la clémence de la chambre et la remise de la peine, le seul orateur qui se leva pour la soutenir fut lord George Sackville; mais ce fait appartient à sa vie ultérieure, dont il faut aussi dire quelques mots.

Peu après que le *Public Advertiser* cessa de recevoir les communications de Junius, la question américaine prit une importance capitale et devint le sujet des plus grands débats et le thème favori de l'opposition. Or, ainsi que Junius, on sait que lord George ne pensait pas comme l'opposition, comme celle du moins de Chatham et de Camden, de Rockingham et de Shelburne, d'Edmond Burke et du colonel Barré. Il demeura fidèle à la politique de Grenville, et maint discours dans les recueils parlementaires atteste cette fidélité. L'autorité et la vivacité qu'il portait dans ce débat ne pouvaient manquer de le séparer de l'opposition et de le rapprocher insensiblement du ministère. Lord North rendit plus d'une fois hommage à la justesse de ses vues, et se félicita d'avoir dans cette question son appui. Une résistance inflexible aux prétentions des Américains était un titre certain à la faveur royale, et lorsqu'en 1775, le duc de Grafton sortit du cabinet en déclarant qu'il ne pouvait le suivre plus longtemps dans la conduite de cette affaire, lord Dartmouth, pour le remplacer au sceau privé, quitta les fonctions de secrétaire d'état des colonies, et celles-ci furent données à lord George Germain. C'était le nom que par suite d'un héritage avait pris lord George Sackville. Cette promotion ne passa point sans difficulté et donna lieu a plus d'un débat pénible pour le nouveau ministre. De tristes souvenirs furent évoqués. Il se maintint cependant, et dirigea durant sept années le département le plus important. Son administration ne fut guère qu'une suite de revers. Il y montra beaucoup de fermeté, une grande application, un certain esprit de commandement, et il se défendit avec force et même avec succès contre toutes les attaques; mais sa hauteur, sa raideur, sa partialité, qui le rendait inaccessible aux conseils, exclusif dans ses choix, obstiné dans ses plans, tous ces défauts, qui s'accordaient au reste cette fois avec les préjugés du roi et même de la nation, éclatèrent dans sa conduite ministérielle et contribuèrent sans aucun doute aux échecs qu'éprouva l'Angleterre. Enfin son orgueil et celui de sa patrie furent punis. Quand Lafayette eut enfermé lord Cornwallis dans York-Town, où Washington et Rochambeau le forcèrent à capituler, la Grande-Bretagne dut céder, et le ministère de lord North se retira. Un mois avant ses collègues, lord George Germain avait déposé les sceaux de secrétaire d'état et obtenu pour récompense la pairie avec le titre de vicomte Sackville. On sait que Rockingham et Shelburne furent les ministres de la paix.

A partir de cette époque, lord Sackville vécut encore trois années. Il passa tout ce temps dans la retraite. La vieillesse était venue, la santé déclinait. Un écrivain connu par d'agréables ouvrages, Richard Cumberland, a laissé des mémoires intéressants où il raconte avec de précieux détails cette dernière partie de la vie d'un homme qui ne fut guère aimé que de lui. Lord Sackville l'avait accueilli avec bonté, bien placé dans son ministère, et il finit par l'admettre intimement dans sa maison. Là, suivant cet intelligent témoin, son humeur était grave, mélancolique; mais l'âge lui avait donné de la résignation et du calme. Bon et charitable pour les petits, il était réservé et imposant avec tous. Sa parole brève et précise commandait le respect ou le silence. Dans sa filiale reconnaissance, le jeune Cumberland, on le sent bien, ne jugeait pas son noble protecteur. Il était à mille lieues de se rendre compte de ses antécédents, ainsi que nous l'avons fait. Il n'avait même jamais entendu dire que lord Sackville eût été soupçonné d'être Junius, lorsque ce dernier, peu de jours avant sa mort, le lui dit en plaisantant. Mais la conversation n'alla pas plus loin; Cumberland ne lui fit aucune question, la chose ne lui paraissant pas avoir besoin d'être désavouée, parce que, dit-il, il n'y a pas lieu de nier une impossibilité. Peu après, il se passa pourtant une scène qu'il raconte fort bien et qui nous paraît significative et saisissante. Lord Sackville était mourant dans son château de Stoneland, lorsqu'il apprit que lord Mansfield se trouvait à Tunbridge dans son voisinage, et il le fit prier par Cumberland de le venir voir une dernière fois. Lord Mansfield y consentit, et à peine était-il entré dans le salon, qu'il vit paraître lord Sackville dont la respiration faible et les traits altérés annonçaient la fin prochaine. Il fut troublé à cette vue et ne put retenir un mouvement d'horreur qu'un *homme ferme ou qu'un ami n'aurait pas montré.* Il demeura muet. Dès que Sackville put parler, il s'excusa de l'avoir troublé et de se montrer à lui dans un tel état. « Mais, mon cher lord, dit-il, quoique je n'eusse pas dû vous imposer la pénible obligation de faire une dernière visite à un mourant, je désirais avec tant d'anxiété vous faire mes sincères remercîments pour vos bontés envers moi, pour toutes les sortes de bienveillant appui que vous m'avez données dans le cours de ma malheureuse vie, que je n'ai pu vous savoir si près de moi sans vouloir vous assurer de l'invariable respect que j'ai toujours conçu pour votre caractère, et puis vous demander de la manière la plus sérieuse votre pardon (*forgiveness*). si jamais dans les fluctuations de la politique et la chaleur des partis, j'ai paru à vos yeux en de certains moments de ma vie injuste pour votre grand mérite et oublieux de vos nombreuses bontés. » Tels sont les termes transcrits par Cumberland, qui les avait entendus. Lord Mansfield fit une réponse convenable et parfaitement satisfaisante, mais ne parut pas disposé à prolonger l'entretien. Lord Sackville ne le pressa pas de rester et le laissa partir. Il dit ensuite une fois que c'était fort obligeant de la part de lord Mansfield, puis il n'en parla plus. Quelques jours après, il reçut le sacrement; mais auparavant il déclara qu'il était en paix avec tout le monde, mais il confessa qu'en un seul point cela lui coûtait un rude effort (*in one instance only it cost him a hard struggle*). Dans ses dernières paroles à son jeune ami, il dit : « J'ai l'espoir et la confiance d'être préparé pour l'autre vie. Ne me parlez pas de tout ce qui se passe dans la santé et l'orgueil du cœur. Voici le moment où un homme doit être jugé (*searched*), et rappelez-vous que je meurs, comme vous me voyez, avec une conscience en repos et content. » Il expira le 25 août 1785.

Nous laisserons le lecteur entre les deux versions qui viennent d'être opposées l'une à l'autre, et s'il s'étonne de rester encore dans le doute ou l'ignorance, nous lui dirons avec M. Foster : « On peut imaginer que l'écrivain a voulu vivre jusque dans les temps futurs sous le nom impérial de Junius, de préférence au sien propre, et qu'il a calculé en s'y décidant qu'aucune tache, aucune marque d'abaissement dont pussent triompher les hommes qu'il méprisait, ne sauraient être transportées de son nom réel à ce nom adopté par son orgueil. On peut avec vérité supposer qu'il a senti une sorte de sombre enthousiasme dans cette transmigration pour ainsi dire, dans ce passage d'une personnalité et d'un nom contre lesquels le monde aurait pu prendre ses avantages, à la forme impassible, imposante, vengeresse et immortelle de Junius. »

Section VIII.

ISBN : 978-1544629452

www.ingramcontent.com/pod-product-compliance
Lightning Source LLC
Chambersburg PA
CBHW072106280526
45788CB00006B/2428